门道

人丛深处的智慧

吴 舟 编著

沈阳出版发行集团
沈阳出版社

图书在版编目(CIP)数据

人丛深处的智慧. 门道/吴舟编著. -- 沈阳：沈阳出版社，2024.11. -- ISBN 978-7-5716-4546-5

I.C912.11-49

中国国家版本馆CIP数据核字第2024FM4332号

出版发行：	沈阳出版发行集团｜沈阳出版社
	（地址：沈阳市沈河区南翰林路10号　邮编：110011）
网　　址：	http://www.sycbs.com
印　　刷：	三河市嵩川印刷有限公司
幅面尺寸：	170mm×240mm
印　　张：	14
字　　数：	168千字
出版时间：	2024年11月第1版
印刷时间：	2024年11月第1次印刷
责任编辑：	杨　静　李　娜
封面设计：	北京·溪棠　王　辉
版式设计：	胜读文化
责任校对：	高玉君
责任监印：	杨　旭
书　　号：	ISBN 978-7-5716-4546-5
定　　价：	58.00元

联系电话：024—24112447
E—mail：sy24112447@163.com

本书若有印装质量问题，影响阅读，请与出版社联系调换。

目 录
contents

第一章　与同事相处的门道 ────────── 001
- 第一节　开诚布公，深入沟通了解 ────── 003
- 第二节　捕捉话语，洞察背后深意 ────── 010
- 第三节　化解冲突，学会谈判妥协 ────── 017
- 第四节　单者易折，众者抱团难摧 ────── 024
- 第五节　保持距离，切勿交浅言深 ────── 032

第二章　拉近人心的门道 ────────── 041
- 第一节　寻幽探胜，人皆有其华章 ────── 043
- 第二节　共情他人，拉近彼此心理距离 ──── 049
- 第三节　破圈融合，优势化为己用 ────── 056
- 第四节　柔中带刚，四两可拨千斤 ────── 061
- 第五节　良性循环，分享资源信息 ────── 067

第三章　办公室公关的门道 ────────── 075
- 第一节　大胆表达，勇于展现优势 ────── 077
- 第二节　妙计锦囊，探得"酒后"真话 ──── 084
- 第三节　以智驭人，非仅唇舌之巧 ────── 091
- 第四节　恩威并施，搞定"难缠之辈" ──── 098
- 第五节　乐于助人，必有回报 ──────── 105

第四章　赚钱的门道 —————————— 113
- 第一节　研究趋势，把握投资良机 …… 115
- 第二节　精打细算，谋求最大利润 …… 120
- 第三节　多元投资，分散风险增收 …… 126
- 第四节　思维创新，广开生财之道 …… 132
- 第五节　掌握要领，财富知识日新 …… 138

第五章　创业的门道 —————————— 145
- 第一节　明确目标，计划切实可行 …… 147
- 第二节　招募英才，高效团队协作 …… 153
- 第三节　迎合市场，产品精准定位 …… 159
- 第四节　灵活调整，策略随机应变 …… 166
- 第五节　流量杠杆，聚焦私域变现 …… 172

第六章　酒局饭局的门道 ——————— 181
- 第一节　礼仪得体，展现个人修养 …… 183
- 第二节　细节为王，场合灵活应对 …… 190
- 第三节　话题把握，交谈顺心如意 …… 197
- 第四节　饮酒有度，不失态不伤人 …… 204
- 第五节　交流感情，拓展社交圈子 …… 211

第一章 与同事相处的门道

职场中,同事之间的相处之道至关重要。它不仅仅关乎个人感受,更直接影响到工作效率、团队氛围,甚至公司的生死存亡。良好的同事关系能够显著提升工作效能,激发团队的协作精神,从而增强整个团队的市场竞争力。而同事间关系紧张,会增加误解和冲突的风险,影响员工的身心健康,消耗大量的时间和精力,从而降低整体工作效率,还可能引发如欺凌、歧视等更严重的职场问题。

如果我们能够与同事们建立起开诚布公、深入沟通的桥梁,那将是怎样一幅和谐的画面。每个人都愿意敞开心扉,真诚地表达自己的观点和建议,减少隔阂和隐瞒。当我们以和为贵,宽容待人,我们会尊重每个人的差异,接纳不同的声音,建立起一个多元且包容的职场交流环境。这种坦诚的沟通氛围不仅能够提高工作效率,还能够增强团队的凝聚力和向心力,让每个人都感到自己是被尊重和重视的。

沟通可不是件简单的事儿,有时候得跟侦探似的,去琢磨话里的真正意思。同事们的每一句话,都可能蕴含着他们的真实想法和需求。如古人所言:"听其言而观其行。"我们不仅要听到对方说了什么,更要观察他们的行为举止,从中洞察出那些未曾说出口的话语。这样,我们才能更好地理解彼此,避免不必要的误会和冲突,做到心有灵犀一点通。

诚然,职场之路布满坎坷,充满挑战。即使我们再怎么努力沟通,冲突和分歧也如同路上的绊脚石,难以避免。面对这种情况,我们不必惊慌失措。古人云："和而不同，方能长久。"我们应该学会在尊重差异的基础上化解冲突，通过谈判和妥协找到双方都能接受的解决方案。君子和而不同，小人同而不和，差异、分歧在所难免，通过合理的让步和寻求共同点，我们便可以将潜在的矛盾转化为团队前进的动力。

在探讨如何与同事相处的过程中，团队的力量是不容忽视的。一个人的力量或许有限，但当我们团结一心时，这股力量就会变得无比强大。团队的力量，不只体现在共同完成工作任务，更在于无形的精神支持和互助合作。当我们学会依靠团队、发挥集体的智慧时，无论面对多大的困难都能共同攻克。

最后要谈到的是与同事相处时的一种微妙平衡——保持距离、切勿交浅言深。职场中的关系需要谨慎处理，我们既要与同事们建立良好的关系、又要保持适当的距离、避免触碰到彼此的隐私和底线。君子之交淡如水，我们不必过分亲近，也不必刻意疏远，只需在亲密与疏离之间找到最佳的平衡点，就能让我们的职场关系更加健康和谐。

第一节　开诚布公，深入沟通了解

在职场上，跟同事们打好交道，这事儿咱每个人都得琢磨。跟同事处好了，那工作氛围自然就融洽了，干活儿也就更顺手了，效率肯定嗖嗖往上涨。说实话，跟同事关系处好了，对自己的职业发展也是大有好处的。还有啊，心情好了，整天乐呵呵的，干啥都带劲儿！

这其中，开诚布公、深度交流便是打开良好沟通之门的钥匙。每个人都有自己的声音，渴望被听见、被理解。当我们愿意静下心来，真诚地倾听同事的想法和意见时，就已经迈出了建立深厚工作关系的第一步。倾听不仅仅是耳朵听，还需要心灵去听。它让我们能够站在他人的角度思考问题，增进彼此的理解与信任。

多一份倾听，多一份尊重。尊重是沟通的基石，每个人都有自己拿手的本事和经验，咱们得尊重每个人的特长和他们所做的贡献。别因为谁职位高点或经验丰富点就高看一眼，或者低看一眼。大家平起平坐地聊，才能更容易找到共通之处，一起使劲儿往前冲。

好好说话，就像搭起了一座桥，把不同的想法和心思都连起来了。多听别人咋说，多尊重他人的意见，这样误会就少了，隔阂也没了，工作起来自然就顺心多了，效率也高了。职场啊，不光是你争我抢的地方，更是大家互相学习、一起进步的大舞台。

开诚布公，三言两语挽救同事情谊

李明和张华，这两位同事，之前的关系可是好得不得了，经常一起吃饭、聊天，可自从那件事情发生后，两人的关系就变得微妙起来。

事情是这样的，李明无意中发现张华在跟其他同事聊天时，似乎提到了他工作不认真。这让李明心里很不是滋味，觉得被好友误解了。而张华呢，也觉得李明太小心眼儿，自己根本就没那个意思。这事儿本来不大，但因为两人都没有直接沟通，误会就越来越深。渐渐地，他们开始疏远，甚至在办公室里见面都不再打招呼。这种气氛，让整个办公室都显得有些压抑。

项目经理是个明白人，他看在眼里，急在心里。终于有一天，他把李明和张华叫到了办公室。经理也不拐弯抹角，直截了当地说："你俩这样僵持下去，不仅影响自己，还影响整个团队。今天就把话说开，看看到底是怎么回事。"李明和张华听了经理的话，都有些不好意思。他们开始坦诚地交流，把自己心里的想法和感受都说了出来。这一说，才发现原来都是一场误会。张华根本没说过李明工作不认真，只是表达了一下对某个工作环节的担忧；而李明也意识到自己太过敏感，误解了张华的意思。

经过一番沟通，两人的误会终于得以解开。他们相视而笑，仿佛回到了之前亲密无间的状态。从那以后，李明和张华再也没有闹过矛盾，有啥事儿都直接沟通，避免了不必要的误会。这事儿在办公室里传开后，大家都明白了直面误会的重要性。有时候，只需要简单的几句话，就能化解一场风波，挽救一段情谊。好好沟通，真的是职场中不可或缺的一环。

好好沟通，对手变成好搭档

刘军和王强，这两位在销售部可都是响当当的人物。之前，为了那销售冠军的宝座，两人真是你追我赶，互不相让。这种竞争关系，让他俩的关系变得特别紧张，有时在办公室里，气氛都显得有些尴尬。

但前不久，公司组织了一次团建活动，巧合的是，刘军和王强被安排在了同一小组。刚开始，两人面对面时，都有些手足无措，毕竟之前的竞争关系摆在那儿，谁也不想先低头。

可是，任务一来，两人都知道这时候不是闹脾气的时候。于是，他们硬着头皮开始合作。在筹备活动的过程中，刘军突然发现，原来王强并不是他想象中的那样，只是个会抢业务的对手。王强其实很细心，他在筹备物资时，每一个小细节都考虑得特别周到。而王强也发现，刘军并不是只会冲业绩的莽夫。他很有拼劲儿，遇到困难从不退缩，总是能迅速找到解决问题的方法。

在一次次的合作与沟通中，他们开始真正了解彼此。有时，刘军会主动询问王强的意见，而王强也会分享自己的一些销售经验给刘军。这种互相学习、互相帮助的氛围，让他们之间的关系越来越融洽。

团建活动结束后，大家都惊讶地发现，刘军和王强竟然成了好朋友。在工作中，他们不再是你争我夺，而是互相支持、互相帮助。他们的销售业绩也因为这种默契的合作而一路飙升，很快就成了公司的销售双雄。

这事儿传开后，大家都明白了，原来好好沟通真的有这么大的魔力。不仅能化解之前的矛盾，还能让两个曾经的对手变成现在的好搭档，真的是创造了不小的奇迹。

倾听尊重，打破跨文化的沟通壁垒

在纽约的一家跨国公司里，杰克和米粒是同事。杰克是个地道的美国人，性格直爽，有什么说什么；而米粒则来自东方，性格较为内敛，表达方式也更加委婉。两人刚开始合作时，经常因为沟通方式的不同而产生误会。杰克觉得米粒说话太含蓄，总是搞不明白她的真实想法；而米粒则觉得杰克太过直接，有时候甚至有些粗鲁。

有一次，公司需要他们共同负责一个重要的项目。在项目会议上，两人的沟通再次出现了问题。杰克一股脑儿地提出了自己的想法，却没有注意到米粒的沉默和微皱的眉头。会议结束后，米粒找到杰克，表达了自己的困扰。杰克听后，深吸了一口气，决定改变自己的沟通方式。他开始更加耐心地倾听米粒的想法，尽管她的表达比较委婉，但杰克努力从中捕捉关键信息。同时，他也学会了尊重米粒的文化背景和沟通习惯。米粒也做出了改变，她尝试更加直接地表达自己的观点，同时也学会了欣赏杰克的直率和效率。

随着时间的推移，两人的合作越来越默契。他们发现，尽管文化背景和沟通方式有所不同，但只要彼此倾听、尊重，并愿意做出调整，就能够建立起有效的沟通桥梁。在项目结束后的庆功宴上，杰克和米粒举杯相庆。他们感慨地说："真是没想到，我们两个来自不同文化背景的人，竟然能够如此愉快地合作。这都要归功于我们之间的良好沟通和相互尊重。"

📖 干货笔记

全神贯注，不打断。 在与同事交流时，我们要全神贯注，仿佛自己是一个静默的树洞，倾听他们的观点和想法。不要急于插嘴，更不要半路打断，而是给予对方充分的时间与空间，让他们把心中的话语完全倾吐出来。这样的倾听，不仅能让对方感受到深深的尊重与理解，更能使我们对他们的内心世界有一个更为全面、深入的了解。

简洁明了，说清楚。 当我们表达自己的观点时，要做到言简意赅，避免冗长和复杂的表达。说话别绕弯子，七拐八拐，对方反而听不懂。用平易近人的大白话，直接了当地把自己的想法传递出去。这样不仅能有效避免因为语言歧义而产生的误解，还能让对方更为轻松地捕捉到我们的核心意思，从而更容易接受我们的观点。

保持尊重，不冒犯。 沟通中不可或缺的还有尊重。无论对方的观点与我们如何相左，我们都应避免冒犯性的言辞，不能因为话说不到一起就急眼了。尊重如一股暖流,能够融化人与人之间的冰冷隔阂。我们不仅要尊重对方的观点和感受,更要尊重他们的时间和努力。守时、认真、负责,这些都是尊重的体现,也是我们在职场中必须坚守的原则。

灵活应变,不固执。面对不同的同事,我们要学会调整自己的沟通方式,有效的沟通需要根据对方的特点来进行适当的调整,以确保信息的准确传递和良好关系的建立。这并不是圆滑或虚伪,而是对他人习惯和感受的一种尊重与照顾。保持开放的心态,不固执己见,是我们应对职场冲突和分歧的法宝。在遇到不同意见时,我们要积极寻求双方都能接受的解决方案,让非暴力沟通真正成为解决问题的利器。

场景演练

场景一 团队讨论会

公司的大会议室里,团队要讨论一个新的项目方案,陆涛是这次项目的主要策划人,他满怀激情地分享着自己的想法:"我觉得我们应该从用户的角度出发,打造一个真正符合他们需求的产品"。陆涛一边说着,一边展示着他精心准备的PPT。大家聚精会神地听着,偶尔点头表示赞同,或者赶紧在笔记本上记下关键点。

随后吴博坦率诚恳地发言:"陆涛,你的项目构想很有远见,我特别赞同你从用户角度出发的思考方式。不过,我也有一些想法想要分享。首先,关于用户参与环节,我认为我们可以更进一步,设计一个更具体、更互动的流程,让用户不仅仅是参与者,更是我们产品的共同创作者。这样,我们的产品将更具吸引力,也更能体现用户的价值。"会议室里响起了热烈的掌声,为陆涛和吴博的想法点赞。

行为解读:吴博在讨论会上不仅认真倾听了陆涛的项目构想,还积极提出了自己的见解和建议。他的发言既体现了对项目的深入理解和思考,也展现了他对团队合作的重视。通过开诚布公地表达自己的观点,吴博促进了团队成员之间的深入沟通和了解，为项目的成功实施提供了宝贵的思路和方向。

场景二 项目进度汇报

项目进度汇报会上，魏华以清晰、有条理的方式向团队展示了最新的工作成果。他不仅详细介绍了项目的整体进展，还坦诚地指出了目前遇到的问题，并给出了下一步的切实计划。

"目前，我们已经完成了模块的70%，"魏华指着屏幕上的进度条说，"但这里有个问题，就是内存占用有点高。"

就在这时，魏华注意到郭婷皱着眉头，看起来有些不解。他停下来，直接问："郭婷，看你表情，是不是哪里不清楚？"

郭婷稍微犹豫了一下，然后说："嗯，我就是想，这个内存问题会不会影响我们最后的交付时间？"

面对郭婷的疑问，他耐心地进行了解答，针对她关心的细节给予了充分的解释，并提出了具体可行的解决方案。他不仅解决了郭婷的疑惑，也让其他团队成员感受到了他的专业与负责。

行为解读：魏华不仅在汇报中全面、透明地展示了项目的进展和问题，还主动关注并解决了团队成员的疑惑。通过耐心解答和提供具体解决方案，魏华不仅增强了团队的凝聚力和信任感，也为项目的顺利进行排除了潜在的障碍。他通过深入沟通了解团队成员的需求和关切，为项目的成功实施奠定了坚实的基础。

场景三 午休时间的闲聊

午休时分，公司的休息区人声鼎沸，大家纷纷从紧张的工作中抽身，聚集在这里放松一下。韩磊端着一杯刚煮好的咖啡，脸上带着些许愁容，选择了华丰旁边的座位坐下。

"韩磊，看你脸色不太好，最近怎么样？"华丰关切地问。

韩磊抿了口咖啡，叹了口气说："哎，说实话，最近家里有点事，挺烦心的。我爸妈身体都不太好，尤其是我爸，他最近咳嗽得很厉害，我晚上都睡不好觉，担心他。"华丰听后，立刻表现出深切的关心："老人的健康可是大事，不能忽视。你父亲具体有哪些症状？他们有没有去看医生？如果需要，我可以帮你介绍一些信得过的医生。"

韩磊感受到了华丰的真诚关心，于是开始详细地讲述他父母的健康状况。华丰认真倾听，不时点头表示理解，并给出了一些建议。他还鼓励韩磊要保持乐观的心态，相信医学的力量。

行为解读：在这次午休的闲聊中，华丰不仅主动关心同事韩磊的个人情况，还耐心倾听对方的忧虑，并提供了实质性的帮助和建议。华丰的做法让韩磊感受到了来自同事的温暖和支持，这种深入沟通的方式有助于增进同事之间的情感联系，营造和谐的工作氛围。

场景四 工作中的小冲突

在办公室的一角，王明和许巍正在激烈地讨论着。两人因为某个方案产生了分歧，各持己见，互不相让，双方都有些激动。许巍坚持认为自己的方案更合适，而王明则觉得有另外更好的选择。

这时，王明想表达出对方案的不同看法，又想避免情绪化的争吵，并听取许巍的观点和理由。于是他提议："让我们坐下来，以更平和、理性的态度讨论这个问题，积极倾听对方的想法，尊重彼此的观点，并寻求我们之间的共同点。"

经过一番深入的沟通和交流，他们找到一个折中的解决方案。这个方案既考虑了许巍的想法，也兼顾了王明自己的建议。如此，这次小冲突将让两人更加了解彼此的想法和工作方式，也能为以后更好的合作打下基础。

行为解读：王明在与同事许巍因工作方案产生分歧时，展现了出色的沟通能力。他控制情绪，提议以平和态度深入讨论，强调积极倾听和尊重彼此观点。通过充分的沟通和交流，双方找到了折中方案，既满足许巍的想法，也兼顾了王明的建议。王明的沟通方式能够有效化解冲突，加深彼此理解，为未来合作奠定了良好基础。

第二节　　捕捉话语，洞察背后深意

有人说，职场就像一部没有硝烟的战争片，日常与同事和睦相处，不仅仅是一句"你好""谢谢"那么简单，还是一部需要细心解读的"人心悬疑剧"。

言为心声，行为意表，这话在职场中体现得淋漓尽致。对于同事们日常交流中的每一句话，每一个细微的动作，你要尽可能不放过任何一个细节，通过微妙的语气、表情或肢体语言来揣摩，才能在这场"悬疑剧"中不迷失方向。刚开始你会感到辛苦，待形成习惯，它就成为你的一项重要能力了。

比如，当同事小张皱着眉头说"这个项目真是让人头疼"时，他真的只是在抱怨项目难吗？不，这背后可能还有更多的信息等你来挖掘。也许他是在暗示你需要给他一些帮助，或者他只是在寻求一个共同解决问题的伙伴。如果你能敏锐地捕捉到这一层意思，主动给予支持和协助，那么一场可能的冲突或许就能转化为深厚的友情。

再比如，会议上的小李一直保持沉默，但他的眼神里透露出不满和担忧。这个时候，你可不能视而不见。他的沉默可能就是对某个提案的强烈反对。你主动走上前去，轻声问一句："小李，你对这个提案有什么看法吗？"这样的举动，不仅可能化解一场潜在的团队危机，还能让你的领导才能得到充分的展现。

说白了，职场上的成功，不仅仅取决于你的专业技能，更在于你能否准确地捕捉到那些弦外之音，得会听人话里有话，看人眼色行事。就像是一场高手之间的对弈，你不仅要看到棋盘上的棋子，更要揣摩对手心中的策略。不光得听同事们嘴上说啥，还得琢磨他们心里到底咋想的，有啥没直接说出来的事儿。这样，你才能在职场上混得风生水起，跟同事们打成一片，一起把工作环境搞得热热闹闹的，大家都开心。

诸葛亮对话孙权的弦外之音

三国时期，蜀汉与东吴联盟对抗北方的曹魏，诸葛亮临危受命，独自一人到江东，舌战群儒，说服孙权，联合抗曹。孙权虽然表面上对诸葛亮热情款待，但心中却有所保留，他担心联盟之后蜀汉会占据主导地位，对东吴不利。

在会谈中，孙权巧妙地问诸葛亮："您看我们两国联盟，将来战胜曹魏后，该如何分地而治呢？"诸葛亮听后，他明白孙权这是在试探蜀汉的意图。

诸葛亮并没有直接回答孙权的问题，而是转而谈论起天下大势和两国的共同利益。他说："孙将军，如今天下纷争，曹魏势大，我们两国只有联手才能与之抗衡。至于将来的分地，我认为应当以天下苍生的福祉为重，共同商议，何必急于一时呢？"

孙权听后，心中暗自佩服诸葛亮的智慧。他明白，诸葛亮听懂了他的意思，却并没有直接回答自己的问题，而是婉转地表达了蜀汉并非贪图东吴的土地，而是真心实意地寻求联盟，共同对抗强敌。

通过这次会谈，孙权对诸葛亮和蜀汉的信任大增，两国顺利结成了联盟。在后来的赤壁之战中，蜀汉与东吴联手大败曹魏，奠定了三国鼎立的格局。

诸葛亮能够从对方的言辞中洞察其真实意图，从而做出更为明智的决策。这种能力不仅在军事上有重要作用，在人际交往中也是极为宝贵的。

现代职场中的微妙交流

在一家大型企业中，张强和李娜是同一部门的同事。张强是个经验丰富、能力出众的员工，而李娜则是新晋的职场小白。

某日，部门经理交给他们一个重要的项目，要求他们合作完成。张强对此信心满满，而李娜则显得有些紧张。在项目进行过程中，张强经常提出一些创新的想法，而李娜则努力跟上他的步伐。

在项目进行到关键阶段时，张强突然对李娜说："小李，我看你最近很努力，这个项目完成后，你可以好好休息一下。"李娜听后心中一紧，她明白张强的弦外之音——张强可能对她的工作能力产生了怀疑。

为了证明自己的能力，李娜决定加倍努力。她利用业余时间学习相关知识，主动请教其他同事，甚至加班加点地完善项目细节。终于，在项目截止日期前，她成功完成了自己的任务，并向张强展示了成果。

张强看到李娜的努力和成果后，不禁对她刮目相看。他感叹道："小李，你真是让我刮目相看。看来我之前的话是有些小看了你。"李娜听后微笑着说："谢谢你的激励，我会继续努力的。"

通过这次经历，李娜不仅证明了自己的能力，还赢得了张强的尊重和信任。而这一切，都源于她洞察了张强的弦外之音，并用实际行动做出了回应。

跨部门合作中的言外之意

在一家科技公司中，研发部和市场部经常需要紧密合作。研发部的王明是个技术高手，但性格内向；市场部的李莉则是个活泼开朗的女孩，擅长与人沟通。

某日，公司决定推出一款新产品。为了确保产品的市场接受度，市场部希望研发部能在产品功能上做一些调整。李莉被派来与王明沟通此事。

在沟通过程中，李莉发现王明对新产品的功能调整持保留态度。她并没有直接强迫王明接受市场部的意见，而是巧妙地引导话题，询问王明对产品的看法和建议。

在谈话中，她敏锐地捕捉到王明对某个技术细节的执着和热情，于是顺势而为，表示市场部非常尊重研发部的专业意见，但同时也希望产品能更符合市场需求。

王明听后，感受到了李莉的诚意和尊重。他开始认真思考市场部的建议，并最终同意在产品功能上做出一些调整。

这次跨部门合作最终取得了成功，新产品上市后受到了市场的热烈欢迎。李莉通过洞察王明的弦外之音，用真诚和尊重赢得了王明的信任和支持，解决了跨部门合作的难题，为公司的成功做出了重要贡献。

干货笔记

细心观察，留意细节。平时与同事交流时，要多留个心眼儿。注意他们的语气、表情和肢体语言，这些都能透露出不少信息。比如，当同事说话时声音突然变小或者避免与你眼神接触，那可能表示他们有些不自在或者隐瞒了什么。这时，你不妨试探性地问问："是不是有什么难言之隐？"或者"看起来你好像有点困扰，需要帮忙吗？"之类的表达。

耐心反馈，不要急于打断。有时候，同事在表达时可能会有些犹豫或者含糊其辞。这时你要有耐心，不要急于打断或者给出建议。给他们足够的时间和空间，让他们把话说完。在交流过程中，你可以通过点头或者简单的肯定词语来表达你的理解和支持。这样，同事会更愿意向你敞开心扉，你也更容易洞察到他们的真实想法。

学会提问，引导对话。在职场交流中，提问不仅是一种获取信息的方式，更是一种引导对话、增进理解的技巧。当你察觉同事言辞中似乎有话未尽或含意隐晦时，巧妙地提出问题能够推动对话的深入。例如，用"你的意思是…吗？"或"你是不是想表达…？"这样的方式来询问，既展现了你的关心，也帮助双方更明确地把握彼此的想法。提问不仅避免了直接的误解，还能让对话更加细致、深入，进而更好地把握同事的真实意图和情感。

结合情境，综合判断。要想真正洞察同事的心思，还需要结合具体的情境来进行综合判断。比如，在工作压力大、任务繁重的时候，同事可能会表现出一些负面情绪，发泄完就阴转多云。这时，你要理解他们的压力和困扰，并尽可能地给予支持和帮助。通过结合情境来分析同事的言行举止，你会更准确地把握他们的心理状态和需求。

🎬 场景演练

场景一 办公室闲聊

午休的钟声敲响，整个办公室从繁忙的工作中暂时解脱，被一种轻松的氛围所包围。张涛舒展了一下筋骨，从成堆的文件中抬起头，随口说道："这天气真是热得让人受不了，感觉办公室的空调都不够用。"李梅也随声附和："对啊，这种天气真的让人工作都提不起劲。"两人的对话，看似只是对炎热天气的抱怨。

两人的对话，在旁人看来或许只是对天气的抱怨。坐在一旁的周益却从他们的交谈中察觉到了更多。他放下手中的笔，微笑着插入了对话："你们说的没错，不过我觉得，也许我们应该考虑一下是不是办公室的空调需要维护了。我最近也感觉，它的制冷效果好像没有以前那么好了。"

张涛和李梅听后，不禁相视而笑，对周益表示赞赏："还是你细心，我们确实觉得空调效果不佳，但都没往维护这方面想。"

行为解读： 在这次午休的闲聊中，周益不仅仅停留在同事们表面的抱怨上，而是能够深入思考，提出可能存在的问题，并给出了解决方案。周益的洞察力不仅帮助改善了办公环境，更让同事们感受到了他的细心与负责。这种对细节的关注和问题的及时解决，无疑会增强团队的凝聚力和工作效率。

场景二 项目讨论会

项目讨论会上，大家围坐一堂，王强站在投影仪前，详细介绍着他的新营销策略。虽然他说得头头是道，但同事们还是从他的话语中捕捉到了一丝犹豫和不确定。同事们七嘴八舌地讨论起来，意见不一，场面相当火爆。

就在这时，单珊敏锐地察觉到了王强的不安，她轻声问道："王强，你是不是对这个策略还有点儿顾虑啊？"

王强坦白地点了点头："对，我确实怕这个新策略效果不行，毕竟是个新玩意儿，谁心里都没谱儿。"

单珊听后，立马给出了个实在的建议："要不这样，咱们先在小范围内试试水，看看反响咋样，然后再决定要不要全面铺开。"这话一出，大家都觉得挺有道理，单珊的建议得到了一致赞同。王强也对单珊的理解和支持表达感谢之情。

行为解读： 在这次讨论会上，单珊展示出洞察力不仅能解决问题，还能增强团队的凝聚力。她不仅听出了王强的犹豫和顾虑，还提出了切实可行的建议，既缓解了紧张气氛，又推动了项目的顺利进行。单珊的做法充分体现了她的细心和负责，为团队带来了正能量。

场景三 团队合作

在团队合作的日子里，海蓉细心地发现陈刚的反常。他老是一个人闷头工作，和大家的交流少了，团队会议上几乎不吭声。海蓉觉得这里头肯定有事儿,决定找个时间和陈刚好好聊聊,了解他内心的真实想法和困扰。

午休的时候,海蓉走到陈刚旁边,轻声问他:"陈刚,你是不是碰到啥难事儿了?感觉你最近有点不对劲。"

陈刚被这么一问,愣了一下,然后叹了口气说:"哎,家里出了点状况,心里挺烦的,所以工作上有点走神。"

海蓉听了,轻声地劝他:"别担心,咱们是一个团队的,有问题大家一起扛。要是需要帮忙或者想说说话,我们随时都在。"

陈刚听后,心中涌起一阵感动。他感受到了团队的支持与温暖,意识到自己并不孤单,在这个团队里,他永远不是一个人在战斗。

行为解读:海蓉在团队合作中展现出了敏锐的洞察力和善解人意的沟通能力。她通过观察陈刚的行为变化,准确地捕捉到了他背后的困扰和不安。在得知陈刚的困难后,海蓉不仅给予了理解和安慰,还表达了团队的支持和帮助。她的做法有效地缓解了陈刚的压力,成功化解团队中的隐患,增强了团队的凝聚力。

场景四 工作汇报

月度工作汇报会如期在公司的大会议室举行,领导端坐在主席台上,认真地听着每一个项目的进展汇报。当谈及某个关键项目时,他的眉头微微皱起,显露出对这个项目细节的关注。

他沉声说道:"这个项目虽然整体完成得不错,但我们不能忽视那些看似微不足道的小细节。细节决定成败,我希望大家都能牢记这一点。"

陈谌锐作为项目负责人,立刻领会了领导话中的深意,这是在提醒自己,项目的成功不仅仅取决于整体的规划和执行,更在于对每一个细节的把控。他迅速而坚定地回应道:"非常感谢您的指导和提醒,我深知细节的重要性。接下来,我会带领团队对项目中的每一个细节进行仔细的审查和完善,确保最终的成果能够达到更高的标准。"

领导听了陈谌锐的回应，满意地点了点头，脸上露出了认可的笑容。

行为解读：在月度工作汇报会上，陈谌锐准确捕捉到领导话语背后的深意，不仅及时回应了领导的关切，还明确了下一步的工作重点。通过洞察领导的弦外之音，陈谌锐不仅赢得了领导的认可和赞赏，也为整个团队指明了方向，提高了汇报会的效率和效果。

第三节 化解冲突，学会谈判妥协

和则两利，斗则俱伤，团队和谐，是大家共同前进的基石。在团队里，大家性格各异，意见不合是常有的事。冲突如同一股暗流，稍不注意就可能让全员翻船，但每一次的冲突都是团队磨合的契机，是团队协作的炼金炉。

有人说，冲突是团队协作的必然产物。这话没错，但关键在于我们如何处理这些冲突。是放任自流，还是积极化解？答案显然是后者。因为每一次冲突的成功化解，都是团队凝聚力的一次提升。所以，当冲突来临时，别逃避，别抱怨，更别指责。让我们一起坐下来，心平气和地谈一谈，找到问题的症结所在，共同寻找解决方案。

冲突发生时，谈判和妥协就成了我们的有力武器。谈判不是一场你输我赢的较量，而是为了找到双方都能接受的解决方案。妥协也不是软弱或放弃立场，它是为了团队的整体利益而作出的明智选择。妥协可以让我们减少不必要的摩擦，让团队更加高效地前进。

冲突不可怕，关键是要化解，学会谈判与妥协。在冲突面前，先冷静下来，别急着争辩，听听对方的想法，或许你会发现，原来大家的出发点都是为了团队好。换位思考，是化解冲突的一剂良药。用平和、理性的态度去谈判。不是去指责对方，而是去探讨如何能让团队更好地运作。

科技小队里的技术大讨论

在一个关键软件开发项目中，张明和李强这两位技术领域的佼佼者，因技术选型问题产生了严重的分歧。张明是一个充满激情的年轻开发者，对新技术栈抱有极大的热忱。他坚信采用新技术不仅能大幅提升系统的性能，还能增强系统的可扩展性，从而为公司赢得技术上的竞争优势。而李强是一位经验丰富且谨慎的技术专家，他主张使用传统技术，因为这些技术经过长时间的市场验证，更为稳定可靠，能够最大程度地减少项目风险。

两人的观点截然不同，这导致团队内部出现了明显的分歧和紧张气氛。双方各执己见，争论不休，项目进度因此受到了严重影响。

项目经理王刚决定组织一次团队讨论会来化解这场技术选型之争。

会上，王刚鼓励张明和李强充分表达自己的观点和想法。他强调，虽然大家在技术上存在分歧，但团队的共同目标是一致的，那就是开发出高质量的软件产品。在王刚的引导下，张明和李强开始从对方的角度思考问题。他们逐渐意识到，彼此的观点是可以相互补充的。

最终，经过深入的讨论和协商，张明和李强决定采纳一种融合方案。他们结合新技术和传统技术的优势，既保证了系统的稳定性，又提升了性能和可扩展性。

跨国工程队的团结小妙招

在"连接世界"这一宏伟的工程项目中，来自不同国家的精英工程师们汇聚一堂。由于文化背景和工作习惯的不同，团队内部经常出现各种摩擦和冲突。尤其是项目经理赵明和来自法国的工程师罗伯特之间，因对工程进度和质量的理解不同而频繁产生分歧。

赵明注重细节和计划性。他希望严格按照工程进度表来推进项目，确保每个阶段的任务都能按时完成。而罗伯特则更加注重工作的灵活性和创造性。他倾向于根据实际情况调整工作计划，以适应不断变化的项目需求。

这种差异导致两人在工作中经常产生碰撞和不满。为了化解这些冲突，项目总监李华决定采取一系列措施来促进团队成员之间的理解与合作。

首先，他组织了一次别开生面的团队建设活动。通过轻松有趣的游戏和互动环节，团队成员们在欢乐的氛围中增进了彼此的了解和信任。赵明和罗伯特也在活动中逐渐放下了心中的芥蒂，开始以更加开放的心态看待对方的工作方式。

之后，李华建立了一项定期的团队沟通会议制度，鼓励大家坦诚地交流自己的想法和困惑，共同寻找解决问题的最佳方案。在这一过程中，赵明和罗伯特逐渐学会了倾听和理解对方的观点，从而减少了误解和冲突的发生。

为了让团队成员更好地适应多元文化环境，李华还特地邀请了沟通专家进行培训。大家不仅了解了不同文化背景下的沟通技巧和礼仪规范，还学会了如何以更加包容和理解的态度面对彼此的差异。

随着时间的推移，团队成员间的理解逐渐加深，赵明和罗伯特也能心平气和地坐下来讨论问题并达成共识。最终，"连接世界"工程项目在团队的共同努力下高质量完成。

办公室里的误会解开

刘婷和陈晓本是一家传媒公司关系融洽的同事，一场误会却让他们之间的关系变得紧张。

一天，刘婷无意间听到陈晓在与其他同事交谈时提到了自己的名字，并伴随着一些负面的评论。这让刘婷心生不满，认为陈晓在背后议论她，损害她的名誉。而陈晓则因为刘婷在工作中的一些不配合行为感到困惑和委屈。他认为刘婷故意为难他，导致他的工作难以顺利进行。

这种误解让两人之间的交流变得尴尬而紧张。他们开始避免直接沟通，而是通过其他同事传达信息。办公室的气氛也因此变得沉闷而压抑，影响了整个团队的工作效率。

部门主管王琳察觉到了这一异常情况。她深知，一个和谐的工作氛围对于团队的凝聚力和创造力至关重要。于是，她决定介入调解这场误会。

王琳首先找到了刘婷，耐心倾听她的抱怨和不满。她鼓励刘婷直接表达自己的想法和感受，而不是通过猜测和揣测来解读他人的意图。接着，她又与陈晓进行了深入的交谈，了解了他的困惑和委屈。陈晓坦诚地表达了自己对刘婷行为的理解和自己的期望。

在了解了双方的想法和感受后，王琳组织了一次面对面的沟通会议。她鼓励刘婷和陈晓坦诚地交流彼此的想法和误解，并引导他们寻找解决问题的最佳方案。在王琳的引导下，两人逐渐放下了心中的防备和怨念，开始以更加客观和理性的态度看待彼此的行为和言论。

经过一番深入的沟通和协商，刘婷和陈晓终于解开了误会。他们意识到，之前的矛盾和冲突都是基于误解和猜测而产生的。实际上，他们并没有真正的敌意和矛盾，只是缺乏直接而坦诚的沟通而已。这场误会的解开让两人都感到如释重负，他们重新建立了信任和合作关系。办公室的气氛也因此变得轻松愉快起来，整个团队的工作效率和工作质量都得到了显著提升。

干货笔记

主动沟通，坦率表达。 工作中难免会遇到冲突或误解，这时候千万别选择逃避，要主动去找同事沟通清楚。你可以找个合适的时间和地点，和同事坐下来好好聊一聊。在沟通的时候，记得要真诚坦率地表达自己的想法和感受，别藏着掖着。同时也要耐心听听同事是怎么想的。沟通的目的不是为了争论谁对谁错，而是要找到一个大家都能接受的解决办法。

换位思考，相互理解。 有时候，我们可能会觉得同事的做法很难理解，甚至有点不可理喻。但其实，每个人都有自己的想法和难处。当你能设身处地地感受他人的情感和需求时，便能更加客观、全面地了解整个情况。这样，你或许就能发现冲突的起因，到底是沟通不畅、资源分配问题，还是目标不一致等，也能找到更合适的解决方法。换位思考不仅能帮你更好地理解同事，还能让团队氛围更加融洽。

明确底线，适当让步。 在进入谈判之前，每个团队成员都应清楚自己的目标和底线，也应尊重对方的底线和需求。这有助于在谈判中保持清晰的方向，并知道在何时作出妥协，通过妥协来减少不必要的冲突。清晰、直接地表达自己的需求和期望，同时也要尊重对方的观点。避免使用攻击性或模糊的语言。需要同步进行的是寻求共同利益，努力寻找能让双方都能接受的解决方案。

感情维护，事后复盘。 除了工作，还可以定期组织一些团建活动，让大家在轻松愉快的氛围中增进感情。通过一起参与活动来更加了解彼此，减少误解和冲突。而且，团建活动还能提升团队的凝聚力和执行力。比如，可以组织个户外拓展，或者一起去看场电影，吃个饭什么的。这样，大家不仅能玩得开心，还能更好地融入团队。复盘也是非常重要的，冲突解决后，对整个过程进行回顾和总结。识别出导致冲突的根本原因，并考虑如何在未来避免类似情况的发生。

场景演练

场景一 任务分配不均

顾洁坐在办公桌前,瞅着眼前那一堆堆的工作文件,心里头的烦躁就像春天的野草一样疯长。瞅瞅对面的李冲,那家伙每天都跟没事人一样,到点就走,从不拖泥带水。顾洁咬了咬牙,决定找李冲唠唠这事儿。

"李冲,我觉得我们的工作分配似乎有些不均衡。"顾洁开口,语气中带着试探。李冲抬起头,目光与顾洁相交,他问道:"怎么了?你觉得有什么问题吗?"

顾洁深吸一口气,坦诚地说:"我每天都要处理大量的文件,加班成了家常便饭。而你看起来总是很轻松,我想知道是不是我哪里做得不够好?"

顾洁和李冲商量一起去找领导,看看能不能调整一下工作分配,让任务更公平些。几番沟通下来,领导答应重新分配工作。顾洁和李冲的误会也解开了,俩人还成了挺要好的朋友。

行为解读: 顾洁在面对工作冲突时,展现了出色的谈判和妥协能力。他没有选择沉默忍受或单方面行动,而是主动与同事李冲进行沟通。通过坦诚地表达自己的困扰,并倾听对方的观点,他成功地化解了冲突。

场景二 项目方案有分歧

在团队的项目讨论会上,蔡双和谢园两人针对项目方案产生了严重的分歧。蔡双热衷于尝试新技术,他坚信这能够大大提升团队的工作效率。然而,谢园却对此持保守态度,她担心新技术的风险会给项目带来不可预测的问题。

团队领导沉声说道:"我理解你们的担忧和期望,但这样争论下去也不是办法。"领导沉思片刻,提出了一个折中的建议:"我们可以先在小范围内进行新技术的试点,看看实际效果如何再做决定。"

领导的话让蔡双和谢园都陷入了沉思。双方逐渐冷静下来，他意识到自己的态度可能过于激进，而谢园的担忧也并非没有道理，而后就此达成了一致。

行为解读：蔡双在面对与同事的分歧时，虽坚持己见，但并未僵化。当团队领导提出折中方案时，他能够迅速接受并妥协，展现了良好的团队协作精神。他懂得在冲突中寻找共同点，通过试点新技术来化解分歧，既满足了提高工作效率的需求，又降低了直接采用新技术的风险。

场景三 工作时间有冲突

董昌和黄晖是同事，董昌是个早起鸟，喜欢一大早开始忙碌，可黄晖却是个夜猫子，老是晚上熬油点灯地加班。每当董昌早上来到办公室时，经常发现黄晖还未完成交接的工作，董昌深知这样的不协调对工作效率产生了不小的影响。

董昌有点无奈："我每次一大早来，都瞧见你昨儿的工作还没弄完，我接手都费劲儿。"

黄晖听后，脸上露出几分歉意："真是对不住了，之前我确实没太在意这个。以后我尽量在下午就把交接的事儿给整利索，这样你早上来就能轻松上手了。"

两人你一言我一语，互相体谅、调整，终于把这工作时间安排的冲突给解决了。从那以后，工作效率也大幅提升。

行为解读：董昌在面对与黄晖的工作时间安排冲突时，展现了积极且富有建设性的处理方式。他没有选择抱怨或指责，而是主动与黄晖沟通，寻求解决方案。他表达自己的困扰并倾听黄晖的想法，成功促成了双方的理解和调整，既解决了实际问题，又增进了同事之间的关系。

场景四 一场误会导致矛盾

最近吴健老是觉得冷青在背后嘀咕他，说他坏话，这让他心里相当不是滋味。这种感觉憋了挺长一段时间，吴健决定开门见山，"冷青，听说你在背后讲我坏话，真的假的？"

冷青一愣，瞪大了眼睛看着他："谁说的呀？我啥时候说过你坏话了？"看着冷青那一脸懵的表情，吴健心里开始犯嘀咕，难不成是自己想多了？

两人坐下来，经过一番推心置腹的交流，吴健发现自己还真是误会冷青了。他挠了挠头，有点不好意思地说："冷青啊，看来是我搞错了，给你添堵了，对不住啊。"冷青听了，笑了笑："没事儿，误会解开就好了。"

行为解读：吴健在面对与冷青之间的误会时，选择了主动沟通和直接询问的方式来解决问题。他没有让误会继续发酵，而是勇敢地迈出了解开误会的第一步。通过深入交流，吴健不仅化解了心中的疑虑，还成功消除了两人之间的隔阂。

第四节 单者易折，众者抱团难摧

俗话说，"一根筷子易折断，一把筷子断折难。"这话放在职场中，就是告诉我们，单凭一个人的力量是有限的，但如果是一个团队，那股力量就难以被打破。我们每个人，就像那一根筷子，脆弱而易折；但当我们团结起来，我们就像那一把筷子，坚韧而有力。

职场中，我们每个人都有自己的专长和特色，将这些特色和专长融合在一起，就能发挥出最大的效能。一个人的力量是有限的，但一支团结的队伍能创造无限可能。正如那些筷子，虽然每一根都独一无二，但只有紧密排列在一起，才能共同承受住外界的压力。

"人心齐，泰山移"。与同事合作遇到困难和挑战，我们要齐心协力，共同面对，就像那些筷子一样，紧紧相依，共同抵御外界的风雨。只有我们团结携手，共同努力，才能攻坚克难，顺利完成任务，实现团队的目标。

长城修筑中的团结合作

长城被誉为"古代东方四大奇迹"之一，也是世界四大遗产之一。秦始皇嬴政为了抵御北方游牧民族的侵扰，决定修筑一道横贯北方的长城。这是一项前所未有的浩大工程，其规模之巨、难度之大，堪称人类建筑史上的奇迹。

修建长城需要动员大量的劳动力，包括士兵、农民、罪犯等。这些人来自不同的地区和背景，但他们共同参与了这项伟大的工程。此外，长城的修建涉及到复杂的工程技术，如石料的切割、运输和堆砌。这些技术需要在不同的建设团队之间共享和传承。

修建长城也需要大量的物资，如石材、木材等。这些资源需要从全国各地调配，体现了全国范围内的资源协调和合作。长城不仅是军事防御工程，也是民间劳动的结晶。军队负责规划和监督，而民间劳动力则负责实际的建设工作。长城的修建跨越了中国的多个地理区域，从西部的甘肃到东部的辽东，这需要不同地区的人们克服地理和文化差异，共同完成建设任务。

秦始皇动员了全国的劳力，他们带着各自的技能和经验，投入到这场伟大的建设之中。在修筑长城的过程中，每个人的专长和特色都得到了充分的发挥。工匠们精通石木工艺，他们负责设计、测量和建造；农民们熟悉土地，他们负责搬运材料、夯实基础；士兵们负责保卫工地，确保工程顺利进行。

正是这样一支庞大而团结的队伍，将各自的专长和特色融合在一起，才使得长城的修筑工作得以高效推进。他们相互协作、相互支持，共同面对困难、挑战自然，最终创造出了这一人类历史上的伟大壮举。

万里长城最终成为了中国乃至世界历史上的一项伟大工程，它不仅在军事上起到了防御作用，也成为了中华民族团结合作、共同克服困难的象征。

汶川地震中的团结救援

2008年5月12日是一个让人心痛的日子。四川的汶川突然地动山摇，一场里氏8.0级的大地震席卷而来，许多房屋瞬间崩塌，无数的人们被压在废墟之下。面对这场突如其来的大灾难，全国人民的心都被紧紧地牵动了。

一方有难，八方支援。在这危难时刻，我们的国家、我们的人民展现出了无比的团结与坚强。解放军、武警官兵、消防队员们，他们听到消息后，立刻扔下手中的饭碗，扛起救援设备，火速前往灾区。他们知道，每一分钟都可能有生命在废墟下消逝，所以他们不顾一切，哪怕是冒着余震的危险，也要尽快赶到现场。

全国各地的志愿者们也没闲着。有的捐钱捐物，有的则自发组织车队，把救援物资、生活必需品送到灾区。大家心里都明白，这时候的汶川，最需要的就是我们的支持和帮助。

在救援的过程中，真的有好多好多感人的事情发生。就比如说，有个消防队员，在一片废墟里，他听到了一丝微弱的求救声。他顺着声音找去，发现了一个小学生被压在了一块大石头下面。那名消防队员二话不说，立刻钻进了那个狭窄的空间，用双手小心翼翼地把孩子抱了出来。

类似的故事在当时还有很多。大家有钱的出钱，有力的出力，都为了同一个目标努力：救出每一个被困的生命，重建我们的家园。这场灾难虽然带来了巨大的伤痛，但它也让我们看到了全国人民团结一心的力量。

短短几个月内，汶川的重建工作就取得了很大的进展。新的房屋建起来了，孩子们又回到了学校，生活开始逐渐恢复正常。这一切，都离不开全国人民的共同努力和无私奉献。

阿波罗 13 号太空惊险救援

1970 年，美国宇航局执行的阿波罗 13 号任务，原本是为了探索月球的奥秘，但这次任务却意外地演变成了一场与死神的较量。在浩瀚的宇宙中，阿波罗 13 号飞船突然遭遇了前所未有的危机。服务舱内的一声巨响，震惊了飞船上的三名宇航员。紧接着，一系列的问题接踵而至：氧气罐受损、水箱漏水、电池组出现故障。宇航员们顿时陷入了生死攸关的境地。

这一惊人的消息迅速传回了地球，引起了全球的关注和担忧。美国宇航局立刻行动起来，召集了最顶尖的专家和工程师，组成了一个强大的救援团队。他们面临的任务是艰巨的：如何在遥远的太空中，指导宇航员利用飞船上残存的资源进行自救？

与宇航员的通信变得至关重要。专家们与宇航员保持着 24 小时的紧密联系，每一步操作都需谨慎再谨慎。宇航员们在专家的指导下，开始了艰难的自我救援。他们利用飞船上的备用零件和工具，尝试修复受损的设备。

地面上工程师们也在紧张地研制各种可能的救援方案。他们模拟飞船的环境，反复试验，希望能找到最有效的解决方法。每当有新的进展，都会立刻与宇航员分享，希望能为他们带去一线生机。

经过几天几夜的连续奋战，专家团队和宇航员们的努力终于取得了回报。飞船的部分功能得到了恢复，虽然仍然存在着诸多风险，但至少宇航员们的生命安全得到了暂时的保障。

在全球的关注下，阿波罗13号最终安全返回地球，三名宇航员平安归来。这场太空救援行动，不仅是对人类勇气和智慧的考验，更是一次全球团结合作的典范。在危机面前，人类展现出了无比的韧性和决心，共同为宇航员们的生命安全而努力。这一事件，也永远载入了人类探索太空的辉煌史册。

干货笔记

方向明确，目标清晰。 团队成员之间，首先得把目标搞清楚、统一起来。咱们得知道，如果大家各自为战，劲不往一处使，那团队就像一盘散沙，啥也做不成。所以，在项目还没开始的时候，咱们得坐下来好好聊聊，把任务目标都明确下来，确保每个人都对大方向有清晰的认知。得让每个人都心里明镜似的，知道自己干的这事儿，跟团队能不能成功是绑在一起的。这样一来，大家伙儿才能更有干劲儿，一起努力往目标冲。

及时分享，有效沟通。 说到团队合作，沟通是关键。得时刻保持联系，有啥信息得及时分享，有啥想法也得随时交流。别觉得自己遇到的问题就是小事儿，或者觉得说了也没用。其实，你遇到的问题，可能别人刚好知道怎么解决，或者大家一起想办法，总能找到出路。因为集体的智慧强于个体，大家集思广益，往往能找到最佳的解决方案。还有啊，定期的团队会议也不能少，这可是大家聚在一起，聊聊工作、解决问题的好机会。

分工明确，各司其职。 在团队里，每个人都得清楚自己的职责是啥，任务是啥。咱们得避免工作的重叠和遗漏，确保每项任务都有明确的责任人，不要出现资源浪费或有啥事儿没人管的现象。同时呢，也得相信团队里的每个人，都能把自己的那份工作做好。这样一来，咱们整个团队就能像一部机器一样，每个零件都各尽其职，高效运转。

互相支持，共同进步。 单丝不成线，独木不成林，团队合作难免会遇到些挫折和困难。谁遇到问题，就主动伸把手，提供建设性的建议和实质性的帮助。同样地，当团队取得显著成绩时，也一起高兴，一起庆祝，共享这份喜悦和荣耀。这样一来，大家的心就能更紧密地连在一起，一起往前冲，一起进步。

🎬 场景演练

场景一 社区绿化项目

贾史文是热心人，对村里的每个角落都摸得一清二楚。某天他发现村里虽然树多草多，但一点美感也没有。他决定亲手改变一下村子的面貌。

起初贾史文一腔热血，自个儿掏钱买花苗、忙着栽种。可很快问题就来了，他哪儿懂什么园艺啊，再加上一个人忙里忙外的，好多花苗都因为没照顾好枯萎了。看着那些渐渐没生气的花苗，贾史文心里别提多难受了。

但他没泄气，他明白要想让村子美起来，得大家齐心协力才行。他开始动员村民组了个乡村建设小分队。大家伙儿一起商量一起选花苗，一起栽种。人多力量大，村子很快就变了个样儿，村民们走在乡间小道上，都觉得空气更清新了，最后还被获得了美丽乡村的奖。

行为解读： 贾史文在改善小区绿化的过程中，展现了出色的社区精神和团队协作能力。他起初独自行动，但遇到困难后迅速调整策略，发动社区居民共同参与。他通过集体努力改变了小区的绿化状况，提升了小区的环境质量。

场景二　学校运动会筹备

何霓作为班级的体育委员，肩负着筹备学校运动会的重任。她满怀信心，想要独自完成所有筹备工作，无论是与队员的沟通协调，还是训练计划的制定，她都希望能亲自参与。

随着运动会的日益临近，工作的复杂性和繁重性逐渐显现出来，让何霓感受到了前所未有的压力。何霓逐渐认识到一人难以应对这么多工作，她果断决定发动全班的力量，共同参与到运动会的筹备中来。她迅速成立了筹备小组，详细分配了各项任务，确保每个环节都有专人负责。在全班同学的共同努力下，筹备工作进展得有条不紊，最终运动会如期顺利举行，离不开何霓的及时转变思路和全班同学的齐心协力。

行为解读： 在筹备运动会的过程中，起初何霓想独自扛起所有任务，但很快意识到个人的力量有限。她迅速调整策略，集结全班之力，通过明确分工和团队协作，成功举办了运动会。何霓的做法不仅展现了她的领导能力和团队协作精神，更证明了集体的力量是无穷的。

场景三　公司项目执行

韦昭作为公司的项目经理，最近肩负了一个重大的项目。他满怀自信，认为自己有能力独自驾驭这一挑战。随着项目的逐步展开，他渐渐感受到了压力。项目的复杂性和繁多的问题让他意识到，这不是一个人能够轻松应对的。

他迅速调整策略，从公司各部门挑选了精英，组建了一个强大的团队。大家围坐一起，共同研讨项目细节，制定了一份详尽的执行方案。每个团队成员都根据自己的专业知识和技能，承担了相应的任务。

在团队的共同努力下，大家齐心协力，一一攻克了项目中的难题。当项目成功交付时，客户对成果表示了极高的满意，这一切都离不开韦昭的明智决策和团队的共同努力。

行为解读：韦昭在负责关键项目时，初时自信满满欲独挑大梁，随着项目推进，他果断组建专业团队，汇聚公司精英，共同攻坚克难。通过团队的默契配合与不懈努力，项目最终成功交付，赢得了客户的高度认可，为韦昭及团队赢得了荣誉。

场景四 家庭装修工程

崔灿和爱人决定给家里换个新面貌。一开始，崔灿觉得自己有些手艺，肯定能轻松搞定这次装修。他兴致勃勃地开始了工程，可随着装修的深入，他逐渐发现自己对装修的专业知识和技能其实了解得并不够深入。很多细节开始出现问题，比如墙面的涂料颜色不均匀，地板的铺设也有些瑕疵。

爱人耐心地劝说他找专业的人来做，崔灿便请来经验丰富的设计师和施工队，大家共同商讨并确定了新的装修方案。在专业人士的指导和精心施工下，家里的装修工程得以重新启动，并且进展得非常顺利。最终家里的面貌焕然一新，整体效果远远超出了他们的预期。崔灿和爱人都非常满意。

行为解读：在装修工程中，崔灿自信能独自完成，但遇到难题后，能虚心接受爱人的建议，及时寻求专业团队的帮助。他意识到，在面对复杂和挑战性的任务时，团结和合作能够带来更大的力量和更好的结果。崔灿的做法不仅体现了他的实干和谦逊精神，也让家里变得更加美观舒适。

第五节 保持距离，切勿交浅言深

与同事相处，既要有亲近感，又要保持一定的距离。这就像泡茶，水太热会烫嘴，水太冷则茶味不出，要找到那个刚刚好的温度。有些人初入职场，热情似火，对谁都掏心掏肺。但职场如战场，不是所有人都值得你深交。交浅言深，很可能会让自己陷入不必要的麻烦。就像老话说的，"逢人只说三分话，未可全抛一片心"。

职场中，你永远无法判断对方是牛鬼蛇神，与其被人背后捅刀，不如做一个外圆内方的人，巧妙保持距离。如果你和某同事私交甚好，就需要承受遇人不淑的可能后果，比如他觉得和你关系好，白白的使唤你做一些事，占用你的时间和精力，比如陪着他做什么，或者帮什么忙之类的。这时候你就会进退两难，拒绝也不好，不拒绝也不好。无论是新老同事，最好只有工作交集，警惕私交过甚。

保持距离并不是要你做个孤僻的人，因为职场上团队合作是必不可少的。但你要明白，同事之间的关系，更多的是一种工作上的合作关系，而不是生活中的亲密无间。你可以分享工作上的心得和经验，但涉及个人隐私和敏感话题时，还是要谨慎为好。这就像两条平行线，虽然永远不会相交，但可以一起向前延伸，共同面对职场的挑战。保持适当的距离，既是对自己的保护，也是对同事的尊重。

工作就是工作，生活就是生活，与同事交心得三思而后行。同事之间利益纠葛总是难免的，今天可能还是好搭档，明天或许就因为某个项目、某个机会成了竞争对手。

交浅言深，引发职场失误

李晓峰是一家科技公司的项目经理，他性格热情开朗，喜欢与人交流。新入职的同事王刚，因为与李晓峰负责相近的项目，两人很快熟络起来。

一天，两人一起吃午饭时，王刚无意中问起李晓峰对公司某些领导和管理制度的看法。李晓峰没多想，便畅所欲言，表达了自己对一些领导决策的不满，以及对公司某些制度的不理解。王刚听后只是微笑不语，李晓峰以为找到了知音，更加畅所欲言。

不久后，公司进行了一次重要的项目分配。李晓峰本以为自己有着丰富的经验和出色的能力，可以负责核心项目，但最终却被分配到了一个边缘项目。他感到十分不解和沮丧，却不知道自己的失误在哪里。

原来，王刚假装与李晓峰交心，转头却将这些"真心话"转述给了上级领导。领导们对李晓峰的不满和抱怨了如指掌，因此在项目分配时故意将他排除在外。

李晓峰后来才从其他同事口中得知了真相，他后悔不已。自己的一时口快，不仅让领导对自己产生了不良印象，还失去了重要的工作机会。他深刻反思了自己的行为，意识到在职场中，与同事交流时必须保持谨慎和分寸。

这次经历让李晓峰明白了"交浅言深"的职场大忌。他决心在未来的工作中更加谨慎地处理人际关系，不再轻易泄露自己的真实想法和情绪。同时，他也学会了如何更好地与同事和领导沟通，以更加成熟和专业的态度面对职场挑战。

人心难测，敏感之事需谨慎

古代有一个小镇，人们和睦相处，生活宁静祥和。小镇上有两个人格外引人注目，一个是镇上的书生，名叫李文远，他才华横溢，学识渊博,深受镇上居民的尊敬。另一个是来自江湖的侠客,名叫岳飞扬,他武艺高强,行侠仗义,为人豪爽。

一日,李文远在茶馆中偶遇岳飞扬,两人一见如故,相谈甚欢。李文远对岳飞扬的江湖事迹充满好奇,而岳飞扬也对李文远的文采赞叹不已。然而,在交谈中,李文远不慎将自己对当朝政治的一些不满透露给了岳飞扬。

岳飞扬听后,面色凝重地告诫李文远:"李兄,你我虽投缘,但交浅不可言深。此等敏感之事,还是谨慎为妙。"李文远听后,心中虽有些不悦,但也觉得岳飞扬所言不无道理。

不久后,小镇上突然来了一群官兵,声称要捉拿反贼。原来,有人将李文远的不满言论告发给了官府。李文远惊慌失措,不知如何是好。就在这时,岳飞扬挺身而出,利用自己的武艺和智慧,帮助李文远躲过了官兵的追捕。

事后,李文远感激不已,对岳飞扬说:"岳兄,多谢你救命之恩。当初你告诫我交浅不言深,我却不以为意。现在看来,你的话真是金玉良言啊!"

岳飞扬笑了笑,说道:"李兄,人生在世,难得遇到知己。但世事难料,人心难测。保持一定的距离,不轻易透露心事,也是保护自己的一种方式。"

李文远听后,深有感触地点了点头。从此,他更加谨慎地与人交往,不再轻易泄露自己的心事。而岳飞扬也继续他的江湖生涯,两人虽然交往不多,但友谊却更加深厚。

保持距离,合作伙伴有分寸

在纽约这座繁华都市的广告圈中,艾米与苏珊不仅是同事,更是创意团队中的得力干将。两人携手,为这家在广告界享有盛名的公司带来了一个又一个令人眼前一亮的作品。

艾米是思维敏锐、见解独到的广告策划师，总能从日常生活中捕捉到那些闪光点，转化为广告中的亮点。苏珊则是一个文字与视觉设计师，她总能用她的设计将艾米的想法完美地呈现出来。两人的合作，仿佛就是天作之合，无懈可击。

但在这紧密无间的合作背后，艾米却始终坚守着一条原则：与合作伙伴保持专业的距离。她深知，职场中的关系就如同一张错综复杂的网，任何一点小小的风吹草动，都可能影响到整个团队的和谐与效率。过多的私人交流，虽然能增进彼此的感情，但也可能让工作中的判断与决策变得不再那么客观。

因此，在与苏珊的日常交流中，艾米总是刻意避开那些与工作无关的私人话题。每当两人坐在咖啡馆里，或是站在白板前讨论项目时，艾米总是将话题紧紧地围绕在项目讨论和创意碰撞上。她相信，只有这样，才能确保两人的合作始终保持在最佳状态。

当然，这并不意味着艾米与苏珊之间缺乏默契或信任。相反，正是因为有了这份专业的距离感，两人在工作中的配合才更加默契。他们知道，在这个竞争激烈的广告圈中，只有不断地为客户带来新鲜、有创意的作品，才能稳固自己的地位。

📖 干货笔记

保持专业，明确界限。 在工作中要时刻提醒自己保持专业的态度。与同事交流时，尽量聚焦于工作内容，避免涉及过多的私人话题。如果同事主动提及私人事务，可以礼貌地倾听，但不必深入追问或发表过多个人意见。明确工作和私人生活的界限，有助于维护一个清晰、专业的职场形象。当然，人都有好奇心，偶尔的闲谈是增进感情的一种方式，当同事主动分享他们的私人事务时，不要深入追问或过度发表自己的意见，尊重每个人的生活空间和隐私。

谨慎言行，保护信息。 在与同事的日常交往中，要注意自己的言行举止。避免在闲聊中无意间泄露过多的个人信息，特别是关于自己的家庭、财务状况或政治观点等敏感话题。这些信息可能会被误解或利用，给自己带来不必要的麻烦。有时候，一句无心的话可能会成为别人议论的焦点，因此保持一定的神秘感，对自己的私人生活有所保留，是明智之举。

学会倾听，意见客观。 在与同事交流时，多倾听对方的观点和想法，少发表自己的主观意见。特别是当涉及到公司政策、领导决策等敏感话题时，更要保持谨慎。多听少说，不仅可以避免言多必失的风险，还能让你更好地了解同事的想法和需求，从而建立更加和谐的人际关系。

保持礼貌，尊重隐私。 无论与同事的关系如何，都应始终保持礼貌和尊重。不要随意打听或评论他人的私人生活，尊重每个人的隐私和空间。同时，也要保护好自己的隐私，对于不想分享的信息，可以委婉地拒绝或转移话题。通过保持礼貌和尊重，你能够营造一个和谐、积极的职场氛围，减少不必要的误会和冲突。

场景演练

场景一 新同事的融入

新同事古海林的到来，给整个团队都带来了一股新鲜的气息。他性格热情开朗，对工作充满热情，很快就和大家建立了良好的关系。午休时间，他主动走到彭海娟的身边，想要更深入地了解公司和团队的情况。

彭海娟明白古海林作为一个新人，对于新环境有着无尽的疑问和期待。然而，她也深知，在职场中，人际交往的复杂性和微妙性。过度的亲近并不总是好事，有时反而可能带来不必要的麻烦。

彭海娟以温和而模板化的语气回应道："古海林，我们公司确实是个很不错的地方，有着良好的发展前景，这里的团队氛围也让人感觉很舒服。但是，每个公司都有其独特的文化和运作方式，这些都需要你亲自去体验和理解。给自己一点时间，慢慢去适应和融入，你会逐渐找到属于你的位置。"

行为解读：彭海娟在与新同事古海林的交流中，既表达了对新人的关心和欢迎，又恰到好处地保持了同事之间的距离，没有过度泄露自己的私人观点和情感。她的做法引导古海林自主地去探索和学习，既有助于他更好地适应新环境，也避免了因过度亲近而可能带来的职场尴尬。

场景二 邻居的闲聊

一个宁静的午后，陈小波正悠闲地在小区里散步，突然他看见新搬来的邻居王可轩正提着大包小包，一脸迷茫地站在路边。

王可轩看见了陈小波，主动走了过来。"嗨，你好，我是新搬来的王可轩。"他伸出手，与陈小波握了握，"这小区看着真不错，但我还什么都不了解呢。你能告诉我一些小区的情况吗？"

陈小波点点头，能看出新邻居对居住环境的渴望和好奇。但他也清楚，毕竟还是初次见面，不应该过多地透露个人信息或对小区的内部事务发表过多看法。

于是，他谨慎地选择了言辞："咱们这个小区整体上确实挺不错的。物业管理相当负责，经常能看到他们在维护公共设施和环境卫生。安全方面也做得挺好，有专门的保安团队定时巡逻。邻里关系也很和睦，大家见面都会打个招呼，偶尔还会组织些社区活动。不过，你住段时间后，自己会有更深的体会。以后有啥问题或者需要帮忙的，随时找我聊。"

行为解读：陈小波在与新邻居的交流中，既满足了王可轩对小区情况的好奇心，又巧妙地避免了过度泄露敏感或内部信息。通过保持适当的距离，他确保了交流的友好和尊重，有助于维护和谐的邻里关系，同时也为未来更深入的交往留下了空间。

场景三 朋友的聚会

周末,程丽兴高采烈地参加了一个朋友聚会。在这样的聚会中,她总是期待着与好友们一起分享快乐,留下美好的回忆。然而,她也明白这样的场合有时会有些出乎意料的情况。

就在聚会进行得如火如荼之际,周寒,一个她并不算太熟悉的朋友,悄悄走到她身边,带着几分神秘和好奇,开始询问关于另一个共同的朋友余彦的私人问题。周寒对余彦的感情状况和工作收入表现出了浓厚的兴趣,似乎想要了解更多内幕。

程丽非常清楚,这些都是余彦并不愿意公开的私人信息。她带着温和的微笑,轻声对周寒说:"周寒,虽然我和余彦是朋友,但关于他的私人生活,我了解的其实并不多。今天聚会这么开心,我们不如聊聊别的,比如最近上映的电影,或者城市里有哪些值得一去的好地方。"

行为解读:程丽在面对周寒对余彦私人信息的询问时,表现出了极高的情商和恰当的处理方式。她没有直接回答周寒的问题,而是以委婉而坚定的态度表达了对隐私的尊重,巧妙地保护了朋友的隐私,成功地转移了话题。

场景四 家庭的聚餐

一大家子人围坐在一起,欢声笑语不断,边享用着丰盛的美食,边享受着这难得的团聚时光。随着话题的深入,大家不知不觉聊到了政治观点和宗教信仰这些较为敏感的话题。杨文武很快就察觉到了气氛的微妙变化。他深知这些敏感话题很容易引发不必要的争论和矛盾,甚至可能会破坏这难得的团聚氛围。

他微笑着打断了大家的话题:"好不容易聚在一起,咱别聊这些沉重的话题了。我最近发现了个超级好玩的地方,特别适合我们下次一起去玩。还有啊,你们听说了吗,那家新开的餐馆的招牌菜简直美味到爆炸!我们下次可以一起去尝尝。别让这些争议性的话题影响了我们的好心情和大好食欲呀！"

听了杨文武的话，大家都轻松地笑了起来，话题也随之转移到了更加轻松和愉快的方面。

行为解读：杨文武在家庭聚餐中的表现展现出了他的高情商和应变能力。当敏感话题可能引发争议时，他及时察觉并巧妙地转移了话题，成功避免了潜在的家庭纷争，保持了家庭聚餐和谐与温馨的氛围。他的处理方式既体现了对家庭和谐的重视，也展现了他的社交智慧，让每个人都能够享受到纯粹的团聚之乐。

第二章 拉近人心的门道

得人心者得天下,这是我们在日常生活中与人交往、建立良好人际关系的准则。因为单凭一己之力,我们难以攀登生活的高峰。

寻幽探胜,人皆有其华章。每个人都有自己独特的故事和闪光点,等待着我们去探寻和欣赏。当我们学会欣赏他人的优点,不仅能够拉近彼此的距离,更能够激发对方的潜能。

拉近人心,关键在于学会共情。共情不仅是智力上的理解,更是情感上的共鸣和体验,要求个体能设身处地体验并理解他人的情感,作出恰当反应。共情需无条件接纳他人,倾听并深刻理解其困扰,搁置自身立场与偏见,体会其不易与坚持。如此方能建立深厚情感纽带,让心灵共鸣。

在这个多元化的时代,我们不仅要学会在自己的领域内深耕细作,更要敢于跳出舒适圈,有效融合,与其他领域的人才进行交流和合作,将他人的优势化为己用。这可以帮助我们拓宽自己的视野和思维方式,脱颖而出。

当然,在收获人心的过程中,我们还需要一点方法。以柔克刚,四两拨千斤则显得非常重要,在与人交往时,我们既要展现出温和、亲切的一面,又要坚持自己的原则和底线。这种柔中带刚的态度不仅能够维护自己的尊严和权益,更能够赢得他人的尊重和信任。。

最后,我们要谈到的是资源共享的重要性。信息是财富的开端,在这个信息爆炸的时代，分享资源和信息已经成为了一种重要的社交方式。在商业环境中，准确的信息可以帮助企业做出更明智的决策，从而优化资源配置，提高运营效率。通过获取和分析行业趋势、技术动态等信息，企业和个人可以发掘新的商业机会，推动技术创新和产品升级。因此，即使和身边人共享信息，可以帮助我们与他人建立更加紧密的联系和合作。

读懂人心，掌握与人相处的方法，帮助我们以更深层次的理解和共鸣，与他人建立深刻的联系。

第一节 寻幽探胜，人皆有其华章

每个人都有自己的长处和亮点，就像天上的星星一样，只要细心找，就会发现每个人都有了不起的地方。我们要看到并夸奖每个人的优点，可能是懂管理、会创新，又或者是心地善良、爱帮忙。把他们身上的这些优点说出来，可以让他们获得被肯定和被认同的幸福。

在日剧《我们由奇迹构成》中，有个女生认为自己没有优点，但实际上朋友在她面前很容易说出心里话，这就是一种了不起的闪光点。能让朋友感到舒适、安全，能让朋友愿意在她面前敞开心扉，能被朋友信任是一种难得的能力。剧中相河老师甚至可以说出一个人的100个优点：比如会跟人打招呼，好好刷牙，走路很快，包的饺子大小一样……有人质疑："这不是所有人都能做到的事吗？"，相河老师反问："做到别人也能做到的事，就不算优点了吗？"

大亮点也好，小优点也罢，都值得我们去发现、欣赏和夸奖。因为世界上并不缺少美，而是缺少发现美的眼睛。当我们夸奖别人时，他们会更有自信，人与人之间能相处地更和谐与融洽。那么，你能发掘并真诚赞美自己的优点吗？你最亲近的人的优点呢？你的亲人、爱人、朋友、同事的优点呢？

发掘优点，成就女儿美好人生

在北京的一个普通家庭里，有个叫小芸的女孩，小芸性格内向而且缺乏自信，父母也希望她把更多精力放在学习上。但自从父亲发现她对绘画感兴趣，便把她送去学画画，希望她能通过艺术找到自己的价值和自信。

父亲去绘画班接她的时候，发现她绘画技艺一般，但是很有生命力和有想法，"每一幅画都好像有一个小故事要讲，我能看出你的画中有一种特别的情感和视角。"父亲鼓励她："小芸，你的画真的很特别，我觉得你非常有创意。不要害怕，继续用你的画笔去表达你的想法和情感。"

爸爸说："虽然你现在画得还不够完美，但我看到了你的努力和进步。只要你坚持下去，不断改进，我相信你一定能成为一名出色的画家。"在爸爸的鼓励下，小芸的自信心逐渐增强，她开始更加努力地学习和练习。

经过一段时间的努力，小芸的绘画技巧有了显著的提高。她的作品不仅想法独特，而且越来越精美。最终，在一次全国性的青少年绘画比赛中，小芸的作品以其独特的创意和深刻的内涵，脱颖而出，获得了一等奖。当她兴奋地把奖杯和获奖作品带回家时，父母被她的才华所震惊。他们重新审视了女儿的兴趣和天赋，决定给予她更多的支持和鼓励。

从那以后，父母经常赞美小芸的绘画技巧和创新思维，还为她报名参加了更多的艺术培训和比赛。在父母的鼓励和赞美下，小芸的绘画技艺突飞猛进，她也变得更加自信和开朗。

在一次家庭聚会上，小芸为家人现场作画，将每个人的形象都栩栩如生地画在了纸上。家人们围在她的画作前，纷纷赞美她的才华和用心。那一刻，小芸感受到了前所未有的温暖和幸福。

真诚赞美，一逅收获挚友

在深圳的一个社交派对上，李文是一个刚刚步入社会的年轻人，对于如何拓展社交圈还显得有些生疏。他环顾四周，发现身边的人都似乎已经有了自己的小圈子，他感到有些孤单。

就在这时，他注意到了不远处的赵林。赵林正在与一群朋友分享自己的旅行经历，他生动的语言和丰富的表情吸引了李文的注意。李文鼓起勇气走过去，与赵林攀谈起来。

在交谈中，李文真诚地赞美了赵林的口才和见识，李文说："赵林，我真佩服你，每次说话都条理清晰、见解独到，不仅让人听得津津有味，还能让人深受启发。你的见识广博，每次和你交谈，我都能学到很多新知识。真的很感谢你的分享和交流，让我受益匪浅"，这让赵林感到十分惊喜和愉悦。两人越聊越投机，从旅行经历谈到了人生理想，仿佛已经认识了很久的朋友。

派对结束后，李文和赵林互相留下了联系方式，并约定下次一起出去旅行。这次偶然的邂逅让李文收获了一个志同道合的朋友，也让他的社交圈得到了拓展。从此以后，李文变得更加自信和开朗，敢于主动与他人交流并分享自己的想法和经历。

公开表扬，"静默英雄"的崛起

在繁忙的软件开发团队中，张轩一直是个"小透明"。他每天默默坐在角落里，对着电脑敲打着代码，鲜少与人交流。在团队讨论中，他也总是那个安静聆听者，很少发表自己的见解。但张轩有一个不为人知的特长——他在代码调试方面有着过人的天赋。

项目经理乔兴是个细心且富有经验的领导者。他注意到了张轩在代码调试时总能迅速定位问题，并提出行之有效的解决方案。尽管张轩不善言辞，但他的工作成果总能让人眼前一亮。

一次，团队遇到了一个棘手的技术难题，导致项目进度受阻。大家都束手无策时，张轩却默默地找到了问题的根源，并在短时间内修复了漏洞。这一切都被乔兴看在眼里。

于是在接下来的团队会议上，乔兴决定给张轩一个"惊喜"。他详细讲述了张轩如何在关键时刻挺身而出，解决了困扰团队多时的技术难题，并公开表扬了张轩在代码调试方面的专业技能和对项目的巨大贡献。

张轩被这突如其来的赞美弄得有些手足无措，但眼中却闪烁着被认可的喜悦。从那以后，他变得更加用心，工作积极性也大大提高。团队成员们开始主动与张轩交流，寻求他的意见和建议。张轩也逐渐敞开心扉，与团队成员分享自己的经验和见解。

随着张轩的"崛起"，团队氛围变得更加融洽和高效。大家互相学习、互相帮助，共同推动着项目的进展。而张轩，也从那个默默无闻的"小透明"，成长为了团队中不可或缺的技术骨干。

干货笔记

具体明确，注意细节。不要只说"你真棒"或"你很厉害"。具体指出你赞美的点，如："你的演讲真的很精彩，特别是那个案例分析，让我印象深刻"。对细节进行赞美，会让对方觉得你的赞美是真诚的，如："你的新发型真的很适合你，看起来既时尚又有活力。"

发自内心，并时适度。不要为了迎合或讨好对方，如果你真的觉得对方某方面做得很好，那么表达出来就会很自然。同时过犹不及，不要过于频繁或过分夸张，以免让对方觉得虚伪或尴尬。在合适的时机给予恰当的赞美，会让对方更加感激。

正面语言，真诚微笑。使用积极、正面的语言进行赞美，避免使用负面或贬低的词汇，如不要说"你终于做对了一件事"，而要说"你在这件事上做得真好"。微笑是传递善意和友好的重要方式。在赞美他人时，配上真诚的微笑，会让你的赞美更加温暖和有力。

切勿比较，反馈鼓励。在赞美他人时，避免将其与他人进行比较，因为这可能会让对方觉得被贬低或不被尊重。专注于赞美对方本身的优点和成就。在赞美后，倾听对方的回应，并根据情况给予进一步的反馈或鼓励。这会让对方感受到你的关心和关注。

🎬 场景演练

场景一 孩子学习认真

孩子在学习上取得了显著的进步，数学考试竟然拿到了满分，这真是前所未有的好成绩！之前他总是对数学感到畏惧，复杂的题目常常让他头疼不已。但现在他每天不仅认真完成作业，还会找一些额外的练习题来做。

晚上他坐在书桌前，一字一句地阅读数学课本，时不时还动手做一些笔记。遇到难题时，他会沉思许久，然后尝试不同的解题方法，直至找到正确答案。

林爽由衷地对他说："孩子，你最近在学习上的进步真的太惊人了。从对数学感到困难到现在能够拿到满分，这中间的努力和汗水都是值得的。我为你感到骄傲，希望你能继续保持这种学习态度和热情。"

行为解读：林爽细致地观察了孩子学习进步的每一个细节，从对数学的畏惧到主动学习，再到勇于挑战难题，孩子的每一次成长都牵动着你的心。林爽及时的赞美和鼓励，是对孩子努力的最好回应，这不仅让孩子感受到了成功的喜悦，更激发了他持续学习的动力。

场景二 朋友健身成功

李沐最近成功完成了一个健身目标！他为了这个目标，每天都坚持去健身房锻炼，风雨无阻。每次都很专注地训练，做力量训练时，不断调整呼吸和动作，确保每一个细节都做到位。在做有氧运动时，他更是全力以赴，汗水浸湿了运动服，但他不轻言放弃，每天都能完成计划的训练目标。

如今李沐的身体线条更加紧致，肌肉也更有型了。赵康兴奋地对他说："李沐，你真是厉害啊，健身效果太明显了。记得你之前说过想要塑造更好的身材，真没想到你已经做到了！我真的很惊讶也很佩服你的毅力和坚持。现在的你看起来更加健康、自信和有活力，真是太棒了！"

行为解读： 赵康详细地描述了李沐健身锻炼的细节，从身材的变化到他每天的坚持，再到健身带来的整体改变，都一一道来。这样的赞美不仅真诚而且具体，让李沐能够深刻感受到赵康对他努力的认可和赞赏。赵康言辞充满了鼓励和正能量，不仅能够巩固友谊，还能激励李沐继续保持健康的生活习惯。

场景三 同事创意十足

在团队会议上，同事孙现提出了个挺有创意的解决方案，分析得头头是道。端木良立马给他竖了个大拇指，跟他说："太有创意了！分析得也相当到位。你这专业能力和创新思维，真让人佩服。"

项目进度会议上，孙现又给了大家一个惊喜。他汇报工作时，细节条理清清楚楚。不仅列出了已完成的任务，还提前想到了一些可能遇到的问题，并给出了应对策略。

端木良赞叹道："汇报真是太棒了！项目的进度、问题、解决方案，你都给咱们捋得明明白白。看得出来，你真是把项目放在了心上，准备工作也做得足足的。我特别欣赏你这种主动思考和预防问题的态度，这给咱们团队省了不少心啊。"

行为解读： 在团队中，端木良始终保持着对同事的关注和赞赏。当孙现展现出他的创新能力和对工作的责任心时，端木良及时并具体地表达了赞美和认可，不仅能够激励孙现继续保持其优秀表现，还能够促进团队内部的积极氛围。

场景四 陌生人善意帮忙

超市里柯云推着购物车,寻找着晚餐需要的食材和调味品,正当犹豫着该选哪一种酱油时,一位和蔼的大姐走了过来。

她微笑着问柯云:"看你好像在犹豫,需要帮忙吗?"柯云点点头,向她咨询了关于不同品牌酱油的区别。大姐非常耐心地为柯云解释,从口感、成分到烹饪用途,一一细说。她还对比了不同产品的价格,让柯云能更明智地做出选择。

柯云由衷地感谢她:"大姐,你真是太热心了!现在很多人都忙于自己的生活,很少有人会像你这样停下来帮助一个陌生人。你的耐心和善良真的让我感到非常温暖,不仅让我选到了合适的商品,更让我看到了人性中的美好。我会铭记在心,并向你学习。"

行为解读:在超市里在得到帮助后,柯云及时并真诚地表达了感谢,突出了热心大姐的善良和耐心。这样的行为不仅让她感受到了你的认可和尊重,也传递了友善和正能量。同时柯云也意识到了向他人学习和传承美好品质的重要性。

第二节 共情他人,拉近彼此心理距离

人与人之间,最遥远的距离,莫过于心与心之间的隔阂。若想拉近

人心，关键在于学会共情，踏入他人的心灵殿堂，体验他们的悲欢离合，洞悉他们的思绪纷飞。如此方能消融彼此间的心理冰霜，让心灵紧密相连，正如那句"心有灵犀一点通"。

在心理学上，共情指的不仅仅是智力上的理解，更重要的是情感上的共鸣和体验。它要求个体能够设身处地地体验他人的处境，感受和理解他人的情感，从而对他人的感受作出恰当的反应。

共情要求我们设身处地，站在他人的角度去看问题。这不仅仅是说说而已，更要在情感上和别人产生共鸣，像是一面镜子，映照出他们的情绪变化。共情还意味着我们要无条件地接纳别人，不带任何评判和偏见，就像给予他们一束温暖的阳光，让他们感受到我们的真诚和关怀。

侧耳倾听，用心感受，深刻理解。当他人向你倾诉困扰时，不妨暂时搁置自己的立场与偏见，尝试站在他们的角度眺望世界，体会那份不易与坚持。你会发现，原来他们的世界并非你所想象的模样，他们也有着自己的艰辛与执着。

这样的共情，才能让你与他人之间建立起深厚的情感纽带，让心灵产生共鸣与回响。若想拉近人心，就请学会共情吧！踏入他人的心灵殿堂，感受他们的悲欢离合，洞悉他们的思绪纷飞。

与客户共情，创造销售奇迹

作为一名在房地产界摸爬滚打多年的销售员，王爱丽业绩一直平平，似乎总是差那么一口气。但自从她学会了共情式销售，一切都开始发生了变化。

那是一个初秋的下午，王爱丽接待了一对年轻夫妇。王爱丽从他们的脸上看到了焦虑、急切与迷茫。于是，她没有像往常一样直接推销房源，而是耐心地倾听他们的需求与担忧。原来，这对夫妇刚有了孩子，他们急需一个环境安静、交通便利的房子，让孩子能够在一个健康、舒适的环境中成长。但预算有限，他们感到非常为难。

王爱丽回想起自己刚做母亲时的种种不易，那些夜晚的焦虑、白天的忙碌，以及为了孩子付出的一切。她深感这对夫妇的不易，仿佛看到了曾经的自己。于是，她根据他们的实际情况，推荐了一个性价比极高的二手房。这个房子不仅符合要求，而且价格适中，也负担得起。

不仅如此，王爱丽还主动帮忙联系了银行，为他们争取到了最优惠的贷款方案。她的细心与周到，让这对夫妇感受到了前所未有的温暖与关怀。最终，他们满意地签下了合同，并成为了王爱丽的忠实客户，还介绍了很多朋友给她。

与员工共情，解决管理危机

李启航是一家知名制造企业的部门经理，从基层一步步摸爬滚打走到今天，因此对员工的辛苦和付出有着深刻的理解。近期部门面临生产线调整的情况，员工们情绪波动大，工作效率低下。

李启航并没有选择强硬措施来压制员工的不满，而是逐一与员工进行面对面的交谈，耐心倾听他们的抱怨与建议。在这个过程中，李启航发现员工们最担心的是调整后的岗位不稳定，以及新生产线带来的技术压力。

于是，他迅速组织了一系列针对性的培训，帮助员工提升技能，以应对新生产线的挑战。同时，他还积极向高层争取更明确的岗位保障政策，让员工们感受到公司的稳定和关怀。除此之外，他还经常亲自下生产线，与员工们一起工作。

这些行动让员工们更加信任这位部门经理，也更加愿意为部门的发展付出努力。不久后，部门的生产效率显著提升，员工们的士气也高涨起来。

李启航的共情式领导不仅解决了眼前的危机，还为部门的长远发展奠定了坚实的基础。

与同事共情，取得项目成功

林思明是一家知名科技公司的项目经理，正带领着他的团队面临一个紧急且至关重要的项目。时间紧迫，整个团队都紧绷着神经全力以赴。在这关键时刻，小张却因为个人原因状态低迷，工作进度严重滞后，成为了团队中的一块"短板"。

经过多方了解，林思明得知他的妻子刚刚生了重病，家庭与工作的双重压力让他几乎崩溃。林思明主动找到小张，分享了自己之前类似的经历，并告诉他自己是如何通过团队的支持和自己的努力成功度过难关的。

为了让同事小张能够专心照顾家人，林思明特意向领导申请给他放几天假，并承诺团队会帮他分担工作，确保项目不会因为他的暂时离开而受到影响。这一举动让小张感动不已，他深深感受到了团队的温暖和支持，意识到自己在团队中并非孤立无援。

假期结束后，小张以更加饱满的热情投入到工作中。他不仅迅速赶上了进度，还凭借对项目的深入理解，提出了几个创新的点子。这些点子为项目带来了意想不到的突破，最终项目大获成功，赢得了客户的高度赞誉。

林思明的共情与理解不仅帮助了小张度过难关，也大大增强了团队的凝聚力。他的这一举动让团队成员们深刻感受到了团队的力量和温暖。

干货笔记

主动关心他人生活。要时常问候他人，询问他们最近的生活如何，是否有什么困扰或开心的事情。这样的关心能让对方感受到自己的关注和温暖。在交流过程中，还要耐心倾听他们的诉说，不打断、不贬低，尽量理解他们的感受。可以通过回应来确认自己的理解，比如"我明白你现在感觉很沮丧"或"我理解你为什么会这么生气"。这样的回应能让对方感到被理解和接纳，从而拉近彼此的心理距离。

分享自己相似经历。如果自己有过与对方相似的经历，可以适当地分享出来。必要的时候，可以详细讲诉一些细节，这样的分享能让对方感到更加亲近和信任。

关注尊重他人差异。尝试理解他们的想法和行为背后的原因，不要因为对方与自己不同就产生偏见或歧视。这样的态度能让对方感到被尊重和接纳，从而更加愿意与自己交流。

给予积极支持鼓励。当他人遇到困难或挫折时，要给予积极的支持和鼓励。可以告诉他们自己相信他们的能力，鼓励他们继续努力。同时，也可以提供一些实际的帮助和支持，让他们感到更加温暖和有力量。这样的行为能让对方感到被关心和支持，从而更加信任和依赖自己。

场景演练

场景一 同事工作受挫

张慕是公司市场部的一名员工，最近他负责的一个项目遇到了瓶颈，连续几周的努力都未能取得突破性进展。这使得他情绪低落，甚至开始怀疑自己的能力。

一天张慕的同事李雪华注意到他满脸愁容，便主动走过去询问："张慕，你最近是不是遇到什么难题了？看起来心情不太好。"

张慕叹了口气，向李雪华倾诉了项目的困境和自己的挫败感。李雪华听后，没有立即给出建议，而是说："我能理解你的感受，这种时候确实很难受。我记得我之前也有过类似的经历，感觉整个世界都灰暗了。但你知道吗？后来我发现，正是这种挑战让我们有机会成长。你现在的心情我很懂，但别忘了，你不是一个人在战斗，我们都在这里支持你。"

行为解读：李雪华通过共情，让张慕感受到了理解和支持。他没有急于给出解决方案，而是先认同了张慕的感受，这种共情的方式让张慕感到被接纳和理解，从而拉近了彼此的心理距离。

场景二 朋友惨遭分手

方芙最近被男友分手了，她心情极度低落，整天把自己关在房间里，不愿意出门也不愿意见人。她的好友周襄雅知道后，决定去陪她。

周襄雅来到方芙的房间，看到她满脸泪痕，便轻轻地抱住她，温柔地说："我知道你现在很难过，失恋是一件非常痛苦的事情。我在这里，就是要陪你一起度过这个难关。想哭就哭吧，我会一直陪在你身边，直到你感觉好一些。"

方芙听到周襄雅的话，泪水更加汹涌地涌出，但她同时也感受到了温暖和安慰。在周襄雅的陪伴下，她逐渐释放了内心的痛苦，开始慢慢走出了失恋的阴影。

行为解读：周襄雅通过深情的共情和坚定的陪伴，让方芙感受到了深切的温暖和支持。她没有急于劝解或给出建议，而是选择全心全意地理解方芙的感受，并陪伴她共同度过难关，让方芙感到被深深地理解和接纳。

场景三 家人身体不适

张益明的父亲最近身体不适，去医院检查后发现需要动手术。这个消息让全家都陷入了焦虑之中，尤其是他的母亲，整天忧心忡忡，难掩内心的痛苦。

一天晚上，张益明看到母亲独自坐在客厅的沙发上，面容憔悴。他走过去，轻轻地坐在她身边，说："妈，我知道你现在很担心爸爸。我也一样，但我们要相信医生，相信爸爸能够度过这个难关。你现在的心情我能理解，因为我们都是一家人，爸爸的事情也是我们的事情。我们会一起面对,一起支持他,好吗?"

母亲听到张益明的话,眼眶泛红,但心里却感到一阵温暖。她知道,自己不是一个人在承受这份担忧和恐惧,儿子也会陪着她一起度过这个难关。

行为解读:张益明通过共情和理解,让母亲感受到了家人的支持和力量。他没有让母亲独自承受痛苦,也没有责怪母亲不够坚强,而是选择理解她的感受,并安慰她一起面对困难。

场景四 陌生人遭遇困境

王赫凯在回家的路上,注意到一个年轻人焦急地站在路边,手里拿着一张地图,四处张望,显然是迷路了。王赫凯走过去,关切地询问他是否需要帮助。

年轻人有些尴尬地解释:"我本是来这里旅游的,但不小心走错了路,现在完全不知道怎么回酒店了。"

王赫凯听后,立刻共情地说:"哎呀,这种情况确实很麻烦。我之前也来这边旅游过,也迷过路,那种无助的感觉我深有体会。不过别担心,我帮你看看地图,一定能找到回去的路。"

在王赫凯的耐心帮助下,年轻人很快找到了回酒店的路,他用小礼物对王赫凯表达了感激之情。

行为解读:王赫凯通过共情和实际行动,让陌生人感受到了温暖和善意。他没有因为对方是陌生人而冷漠地走开,而是选择理解对方的困境,并给予真诚的帮助。

第三节 破圈融合，优势化为己用

大家都知道，在咱们生活里，总有人爱搞小圈子，几个人凑一起，说啥都悄悄摸摸的，有人戏称，3个人组了5个群。但你知道吗？其实这种小圈子，咱也可以巧妙地插一脚，甚至让他们成为咱的得力助手！

举个例子，单位里总有那么几个同事，天天一起吃饭、一起下班，好像有啥秘密似的。你刚开始可能会觉得自己像个外人，但别急，咱有办法！

首先，你得摸清他们为啥这么亲近。是都喜欢打游戏？还是都热爱某个明星？或者是工作上经常合作？搞清楚原因，你就能找到突破口。比如说，你发现他们都爱打篮球，那你就可以找个机会说："哎，听说你们经常打球啊，我也挺喜欢的，下次能一起不？"这样一来，你不就顺利融入圈子了吗？再往后，你要做的就是展现自己的价值。他们工作上遇到问题，你主动帮一把；他们聊天时，你也能插上几句，让他们觉得你是个靠谱的人。时间久了，他们不仅不会排斥你，可能还会主动拉你一起参与更多活动。这样，你不仅瓦解了这个小圈子，还让他们成了你的好朋友，工作上也能多个帮手！

破圈融合，优势化为己用，说白了，瓦解小圈子并不难，关键是要找对方法，用点心思。这样一来，你的人际圈子不就越来越广了吗？

朱元璋整合起义军

元朝末年，政治腐败，民不聊生，各地起义军如雨后春笋般涌现，试图推翻残暴的元朝统治。其中，朱元璋顺势参加了郭子兴领导的红巾军，郭子兴死后朱元璋掌握大部分实权，成为红巾军领袖。红巾军在众多起义军中脱颖而出，逐渐成为了一股不可忽视的力量。

在众多起义军中，陈友谅的旧部是一个实力较强的小圈子。他们原本效忠于陈友谅，但在陈友谅死后，这个部落便陷入了群龙无首的状态。本是陈友谅的对手的朱元璋，看准了这个机会，决定对陈友谅的旧部进行招降。

他派遣使者前往陈友谅的旧部，向他们传达了自己的意愿：只要他们归顺，就可以保留原有的地位和权力，甚至还可以得到更多的支持和资源。面对朱元璋的优厚条件，陈友谅的旧部开始动摇。他们意识到，继续与朱元璋为敌只会让自己陷入更加被动的境地。

最终在朱元璋的巧妙策动下，陈友谅的旧部选择了归顺。朱元璋不仅兑现了自己的承诺，还给予了他们更多的支持和帮助。这些原本属于陈友谅旧部的力量，成为了朱元璋建立明朝的重要基石。

随着一个个小圈子的瓦解和整合，朱元璋的实力日益壮大。他逐渐在起义军中树立了威望和地位，成为了众望所归的领袖。

林肯团结北方利益圈

19世纪中期，美国南北之间的矛盾日益激化。南方坚持奴隶制，而北方则主张废除奴隶制。在这一背景下，南北战争一触即发，而在战争爆发前夕，北方各州之间却存在着诸多政治和经济上的小圈子。这些小圈子之间矛盾重重，如同一盘散沙，严重影响了北方的团结与战斗力。

时任美国总统的林肯深知，北方的团结是赢得南北战争的关键。为了瓦解这些小圈子，统一北方的战线，他首先积极与各州领导人进行沟通和协商，倾听他们的诉求，理解他们的立场，赢得了他们的信任和尊重。他巧妙地利用这些领导人的影响力，逐步化解了小圈子之间的矛盾，促使他们放下成见，共同为北方的胜利而努力。

同时，林肯还通过制定一系列公平合理的政策和法令，确保了北方各州在战争中的利益分配，使得每个小圈子都能从中受益。这样一来，这些小圈子不仅不再成为北方的累赘，反而成为了林肯手中的一张张王牌，为他所用，共同为北方的胜利而奋战。

在林肯的领导下，北方各州的小圈子逐渐瓦解，形成了统一的战线。他的改革措施得到了广大人民的支持和拥护，进一步巩固了北方的团结和战斗力。

干货笔记

主动融入，积极参与。 想要瓦解小圈子，第一步就是别把自己当外人。你得主动点儿，去参加他们的活动，跟他们聊聊天，了解了解他们都在想啥、干啥。这样，你不仅能知道他们的喜好、常聊的话题，还能摸清楚他们的行事风格。说白了，就是先混个脸熟，让他们觉得你也是"自己人"。这样，以后有啥好事儿，他们自然就会和你一起分享了。

找共同点，拉近关系。 想要和人拉近距离，最快的方法就是找到共同点。你可以试试看，找找和小圈子里的人有没有啥共同兴趣或者话题。比如说，都喜欢看某种类型的电影、都喜欢某种运动，甚至都喜欢某个明星。只要找到了这些共同点，你就能和他们有更多的话题可聊，关系自然也就亲近了。这样一来，你不仅能在小圈子里混得风生水起，还能顺便把他们的力量借来用用。

展示价值和实力。 想要在小圈子里有地位，你就得拿出点儿真本事来。这不仅仅是说你的专业技能要过硬，还得有你的人格魅力、团队协作能力这些软实力。你得在实际工作中展现出你的能力来，让他们看到你的价值。这样，他们才会尊重你、信任你，甚至愿意听你的指挥。到时候,你想用小圈子的力量来办事儿,那还不就是一句话的事儿?

建立信任,巧妙引导。瓦解小圈子的最终目的就是要把他们变成咱们自己的助力。所以,建立信任关系是非常关键的。你可以通过日常的交流、合作来和他们建立深厚的友情。同时,你还可以巧妙地引导他们,让他们明白团队合作和共同目标的重要性。你可以多和他们聊聊团队的好处,比如说可以一起解决问题、一起分享成功的喜悦等等。这样一来,他们自然就会愿意和你站在同一战线上,一起努力前进了。

场景演练

场景一 办公室小圈子

姜宗飞发现办公室里有几个人走得特别近,经常一起吃饭、闲聊,但对他却总是客客气气,保持距离。这让他觉得自己像是被孤立了。他琢磨着,得想个法子融入这个小圈子。

一天,他瞅准机会,笑着说:"听说你们最近老是一起吃饭啊,挺热闹的。其实我也挺想加入,毕竟咱们团队合作,多交流交流总是好的。下次吃饭,带上我呗?"

就这么几次一起吃饭下来,姜宗飞不仅成功打入了这个小圈子,甚至还成了里头的活跃分子。工作上的合作,自然也变得更加顺畅了。

行为解读:面对办公室小圈子,姜宗飞采取了主动融入的策略。通过邀请自己加入午餐,他不仅展示了友善和开放的态度,还成功打破了隔阂。这种巧妙的插足方式,让他成功融入团队,甚至成为了核心成员,从而在工作中获得了更多的支持和合作机会。姜宗飞的这一举动,充分体现了其社交智慧和团队协作能力。

场景二 社区里小圈子

江音云最近搬到了一个新社区,却发现自己像是被隔离在了一个紧密的邻居小圈子之外。但他深知，社区就像是个大家庭，只要有心，每个人都能找到属于自己的位置。

一天，他瞧见邻居在小区里聊天，便走上前去，笑着说：“我看你们经常一起搞活动，挺有意思的。我刚搬来，也特别想参加一些社区活动，跟大家多亲近亲近。下次有活动，记得告诉我一声哈，我也来凑凑热闹。"

就这样，江音云开始主动参与社区的各项活动，慢慢地就融入了这个原本看似封闭的小圈子。他不仅和社区居民建立了深厚的友情，还通过他们了解到了社区里的各种信息和资源，生活也因此变得更加丰富多彩。

行为解读：面对新社区的陌生环境，江音云采取了主动出击的策略。他通过表达参与社区活动的意愿，成功打破了与邻居间的隔阂，并逐步融入其中。这一行为使他获得了更多的社区资源和信息，为他在新环境中的生活带来了便利。

场景二 朋友圈小团体

谈静发现自己朋友圈里有个小团体，那帮人总是结伴出游，而她却鲜少收到邀请。心里虽然有点不是滋味，但她没打算就此放弃。

一天，谈静瞅准机会，笑盈盈地对他们说：“看你们老是成群结队地出去玩，真是让人羡慕啊！下次出游，能不能捎上我？我也想跟着大伙儿一起乐呵乐呵。"

就这么一句话，谈静顺利地挤进了这个小圈子。之后的日子里，她不仅体验到了和朋友们同游的欢乐，自己的社交圈也扩大了不少。

行为解读：面对朋友圈中的小团体现象，谈静选择了主动出击。她勇敢地提出加入邀请，展现了自己的社交能力和积极态度。此举不仅让她成功融入了团体，享受到了更多乐趣，还拓宽了她的社交圈。

场景四 行业专家小圈子

田亚方在某个行业摸爬滚打,注意到行业内有几个大佬级专家总是聚在一起,他们经常交流行业里的各种小道消息和发展风向。田亚方心里琢磨着,要是能进这个小圈子,那对自己的职业发展可是大有裨益。

于是,他找准机会,向其中的刘专家和李博士表达了自己的意愿:"两位前辈,我对您二位在业界的造诣深感敬佩。我特别想向您们学习,了解行业的最新动向。不知二位前辈下次聚会时,我能否有幸参与?"

就这样,田亚方成功地打入了这个专家小圈子。他不仅从中学到了大量的行业知识和实操经验,还跟这些专家们建立了不错的关系,为自己的未来铺平了道路。

行为解读:田亚方通过主动请求参与专家聚会,不仅使他成功融入了行业内的核心圈层,更让他汲取了宝贵的知识和经验,与顶尖专家建立了紧密的联系。田亚方的这种做法对他的职业发展具有深远的影响,无疑是一次明智的社交投资。

第四节 柔中带刚,四两可拨千斤

有时候,硬碰硬不是办法,得学会用点巧劲儿。太极,以柔克刚、四两拨千斤的劲儿,在人际交往中也适用。想想看,你在工作中遇到过难题没?可能你觉得正面冲突、强行推进就能解决,但往往这样效果并不好。反而,如果你换个方式,用点"柔"的手段,或许就能轻松化解。

团队里有个成员不太配合,你怎么办?直接批评、指责?那可能只会让他更抵触。但如果你先夸他几句,认可他的能力,再委婉地提出你的期望,那效果可能就大不一样了。这就像打太极一样,看似轻柔的动作,却能化解对方猛烈的攻势。在人际交往中,这种"柔中带刚"的策略,往往能让你在不经意间达到目的。

"四两拨千斤"也就是要抓住关键。有时候,我们不需要费太大的劲儿,只需找到问题的关键,轻轻一拨,就能解决大问题。比如,在谈判中,找到双方的共同利益点,稍加引导,就能让双方达成共识。和人商量事情,找到大家都能接受的点子,事情就很容易谈妥了。

这个招数不是一下子就能学会的,得多试试,多想想。但最重要的就是,要尊重别人,理解别人,这样大家才能和和气气地解决问题,关系也会更好。这就是"柔中带刚,四两拨千斤"的意思,在处理人际关系时,既要展现出温和、友善的一面,又要在关键时刻显露出坚定和决断。

南人不复反,瓦解抵抗意志

三国时期,南中地区的叛乱一直困扰着蜀汉政权,而南蛮王孟获则是叛乱势力的核心。为了稳固后方,以便专心对抗北方的曹魏,诸葛亮决定南征,亲自平定这场叛乱。

面对勇猛善战的孟获,诸葛亮并没有选择简单的武力镇压。他深知,要想真正平定南中,必须让孟获心悦诚服。于是他展开了一场心理战。

第一次擒获孟获后,诸葛亮并没有严惩他,而是亲自为他松绑,并好言相劝。孟获虽然表面上感激,但内心却仍然不服。诸葛亮看出他的心思,微笑着放他归去,并告诉他:"你若不服,可再来战。"

果然,孟获不久后再次发起挑战。他又一次被诸葛亮巧妙擒获。如此反复,七擒七放,每一次诸葛亮都以智慧和宽容来对待孟获,逐渐瓦解了他的抵抗意志。

在这过程中,诸葛亮不仅展示了他的智谋,更体现了他的大度与远见。只有通过感化孟获，才能真正稳定南中地区。每次释放孟获前，他都会与孟获深入长谈，从天下大势到民族团结，从个人荣辱到家族命运，诸葛亮的话语深深打动了孟获。

终于，在第七次被擒后，孟获跪在诸葛亮面前，泪流满面地说："丞相天威，南人不复反矣！"从此，南中地区恢复了稳定，诸葛亮的智慧和宽容也传为佳话。

以柔克刚，解决管理难题

梅力强手底下有这么一位刺头员工周东，整天跟吃了火药似的，对谁都不服气。梅力强知道直接跟周东较劲，那只能是两败俱伤。于是他悄悄地做了点功课，把周东的背景摸了个透，这才发现原来周东是因为觉得工作量分配不公，心里憋气，再加上待遇上有点小委屈，这才成了刺头。

梅力强心里有了谱，就开始动手了。他先是悄悄地调整了工作量，让周东觉得公平了些。然后，又找了个机会，跟周东开诚布公地聊了聊，不仅把心里的想法说了出来，还承诺给周东涨点工资，让他觉得自己的付出得到了认可。

这一番操作下来，周东就像是吃了颗顺气丸，心里的怨气没了，工作也积极了起来。梅力强也没白费力气，不仅解决了周东的问题，还让周东对他感激涕零，整个团队的氛围也跟着好了起来。

诚恳坚定，扩大反战同盟

二战期间，英国首相丘吉尔不仅是一位杰出的政治家和军事家，更是一位精通外交手腕的大师。在面对纳粹德国的威胁时，丘吉尔深知在战争背景下团结盟友的重要性。只有通过外交手段争取更多国家的支持才能共同抵御德国的侵略。因此在与各国领导人的交往中，他始终保持着谦逊、诚恳而坚定的态度。

在与美国总统罗斯福的会谈中，丘吉尔以幽默风趣的谈吐和睿智的战略眼光赢得了罗斯福的赞赏和信任。两人不仅在战略上达成了共识更建立了深厚的个人友谊。这种友谊为英美联盟奠定了坚实基础使得两国在战争中能够紧密合作共同抗击德国。

此外丘吉尔还成功说服了苏联领导人斯大林加入反法西斯同盟。在与斯大林的谈判中，他既坚持原则又展现出极大的灵活性，逐渐赢得了斯大林的信任和尊重。最终苏联成为了同盟国的重要一员，为战胜德国做出了巨大贡献。

干货笔记

温和表达与坚定立场。在表达自己观点时，要学会温和，避免使用攻击性或过于直接的言辞，而是采用委婉、和蔼的语气。这样既能传达你的意思，又不会让对方感到冒犯。同时，要坚定自己的立场，让人知道自己的原则和底线在哪，这样也可以让对方知道你的边界，不至于因为你的温和而误将你当作软柿子。当遇到关键问题时，要勇敢地表明自己的态度。

关注细节与体贴暖心。关注细节是拉近人心的重要手段。在日常交往中，要注意观察对方的言行举止，了解对方的兴趣爱好和生活习惯。当你发现对方有特殊需求或遇到困难时，及时伸出援手，给予关心和帮助。体贴入微也是关键。在与人相处时，要时刻关注对方的感受和需求。比如，在寒冷的天气里为对方递上一杯热茶，或者在对方忙碌时主动分担一些工作。这些看似微不足道的举动，往往能让对方感受到你的温暖和关怀。

细腻入微，寻找症结。找到那个能牵一发而动全身的"关键点"，就像解绳子一样，找到那个最容易解开的结，一切就迎刃而解了。比如，在工作中遇到难题，别急着蛮干，先找出问题的核心所在，是资源不足、沟通不畅还是流程有误？找准了症结，再对症下药。所以，遇事别慌，沉住气，找准关键，用最小的力气解决最大的问题，一击即中。

场景演练

场景一 家庭纷争

范春桐发现孩子最近沉迷网络游戏，导致学习成绩大幅下滑。虽然心头火起，但他深知直接发火并非良策。

于是，范春桐选择了柔中带刚的策略。他坐到孩子身旁，轻声细语地说："孩子，我注意到你玩游戏的时间似乎有点长，是不是学习太乏味了呢？我理解游戏确实吸引人。但过度沉迷可能会影响你的学业和前程。你小时候梦想成为科学家，对吧？游戏可以放松，但学习才是你实现梦想的基石。我相信你能自己把握好时间，是吗？"

范春桐的话语既温和又坚决，孩子听后默然点头，开始自觉减少游戏时长，重新专注于学习。

行为解读：面对孩子沉迷游戏的问题，范春桐没有直接斥责，而是以理解和关心的态度引导孩子自我反思。这种方式既展现了家长的温情，也传达了坚定的立场和期望，有效地促使孩子自我调整行为。范春桐的做法充分体现了柔中带刚的沟通技巧，以四两拨千斤之势解决了问题。

场景二 职场冲突

沈琛在公司里负责一个重要项目，可团队成员杨景刚对他的决策提出了质疑，甚至在团队会议上公开表达了不满。面对这种挑战，沈琛没有选择强硬压制，而是决定采取柔中带刚的策略。

他私下找到杨景刚，平和地说："杨景刚，我了解到你对我的决策有所质疑。我很欣赏你的坦率。但每个决策都有其背后的理由。我想听听你的具体想法，同时也希望你能理解我的考虑。我们一起努力把这个项目推向成功，如何？"

沈琛的诚恳态度让杨景刚感到意外，他的防备心理逐渐放下，开始与沈琛进行真挚的交流。最终，两人携手找到了解决问题的最佳路径。

行为解读：面对团队成员的质疑，沈琛展现了高超的处理技巧。他未采取强硬措施，而是通过平和对话化解了紧张氛围。沈琛的做法不仅维护了团队的和谐，还促进了有效沟通，共同找到了解决方案。

场景三 邻里纠纷

付茗发现邻居家的狗经常跑到自家院子里捣乱，把好好的花草都踩坏了，这让他很是恼火。

付茗明白为这事儿跟邻居翻脸不值得，他找到邻居，面带微笑地说："邻居你好啊，我注意到你家的狗狗挺喜欢到我家院子里玩耍。说实话，我挺喜欢小动物的，但狗狗有时候会不小心踩坏我院子里的花草。我在想，咱们能不能一起想个法子，让狗狗既能开心地玩，又不会破坏到我家的花草呢？"

邻居听了付茗的话，既意外又内疚。他没想到付茗会这么通情达理，马上表示会加强对狗狗的管理，并向付茗表示了歉意。

行为解读：俗话说，"伸手不打笑脸人。"付茗在处理邻居家狗捣乱的问题时，他没有直接指责邻居，而是以友好的态度提出问题，并寻求共同解决方案。这种方式既表达了自己的诉求，又尊重了邻居的权益，轻松化解了潜在的矛盾。

场景四 朋友误会

明风和吕悦是多年的好友，但最近吕悦却误会明风背叛了自己，这让明风感到非常委屈。他知道，直接辩解可能无济于事，甚至可能加深误会。

明风找到吕悦,深吸一口气,然后平静地说:"吕悦,我知道你现在对我心存误会,认为我背叛了你。但我要明确地告诉你,我从未做过任何对不起你的事。我们的友谊对我而言无比珍贵,我不希望它因为误解而受损。如果你愿意,我们可以一起查证,还原事情的真相。"

明风的话语坚定而诚恳,这让吕悦开始反思自己的判断。最终,在双方的共同努力下,他们揭开了误会的面纱,重新找回了那份深厚的友谊。

行为解读:面对好友的误会,明风没有选择激烈辩解,而是以柔中带刚的方式处理问题。他保持冷静,诚恳地表达自己的立场,同时提出共同查找真相的建议。这种处理方式既展现了明风的坚定态度,又体现了对友谊的珍视。通过有效的沟通和共同努力,成功化解了误会,重拾了珍贵的友谊。

第五节 良性循环,分享资源信息

你好我好大家好。想要拉近人心,就得学会为他人提供优质资源和信息,一种表达分享的态度。

当你发现了个挺有意思的视频,或者读到了一篇很有启发的文章,再或者你知道了哪个超市的哪种菜特别便宜,这些信息,你都可以跟身边的人分享分享。这种小举动,虽然看似微不足道,但实际上能给人带来很大的温暖。别人会觉得，诶，这人不错啊，有啥好事都愿意跟我一起分享。

工作上也是一样，比如你找到了一个能提高工作效率的软件，或者听到了一些行业内的最新动态，别吝啬，跟团队里的伙伴们说说。这样大家都能进步，都能更好地完成工作。而且，你这种大方的态度，也会让大家更愿意跟你合作，更愿意跟你交朋友。

这种分享还有一个好处，那就是它会带来一种良性的循环。你分享了好的资源和信息给别人，他们也会更愿意分享他们的好东西给你。一来一去，大家都有收获，关系也自然就更加融洽了。

说白了，与人分享就是一种互利共赢的事儿。你给出了什么，通常也会收获什么。你分享了快乐，别人也会给你带来快乐；你分享了知识，别人也会跟你分享他们的经验。这样一来，大家的关系不就越来越好了吗？所以啊，想要拉近人心，就得多多分享，别小家子气，大方点儿，你会发现，生活和工作都会更加顺心顺意。

诸葛亮倾囊相授众将士

三国时期的诸葛亮从未将知识和智慧视为私有财产，而总是毫无保留地将自己深谙的兵法、战术以及治国之道，与麾下的将领士兵们分享。

某个秋日黄昏，诸葛亮在军营的大帐中召集了众将。他手中持有一卷图纸，这是他新研发的一套阵法，名为"八卦变幻阵"。此阵法巧妙融合了《易经》中的八卦原理，通过士兵们的位置变换和队形调整，形成变幻莫测的攻击与防御体系。图纸上，每一条线条代表一个士兵的行动路径，每一个符号则标注了变换的时机与方向。

在解释阵法时，诸葛亮特别强调了"变"字诀，即根据战场形势灵活调整阵法，使敌人难以捉摸。他还详细阐述了如何利用地形、风向等自然因素，以及敌军的心理预期，来最大化阵法的威力。为让将领们更直观地理解，诸葛亮亲自在沙盘上布置石子和旗帜，模拟不同情境下的阵法变化，展现其适应性和威力。

将士们从这套新阵法中学到了许多宝贵的战术思想。通过学习和演练"八卦变幻阵"，他们学会了如何在看似不利的局面中寻找转机，如何通过精妙的配合实现以弱胜强。

将领们对诸葛亮的智慧佩服得五体投地，对诸葛亮的信任和敬仰也因此达到了顶峰。实战中，蜀汉军队运用"八卦变幻阵"，多次成功迷惑并击败了敌人。

创业者共享技术获投资

创业者李雷在科技圈内不仅是一位成功的企业家，更是一位富有远见和创新精神的商业领袖。李雷创立了一家引领行业潮流的科技公司，专注于探索和开发最前沿的技术。

他的公司研发出许多令人瞩目的科技成果，但他却从未将这些技术成果视为私有财产或独门绝技。相反，他秉持着开放与共享的理念，积极与行业内外的专业人士进行交流和分享。

有一次，为了更广泛地传播公司的技术成果并促进行业内的合作与交流，李雷决定在公司内部举办一场盛大的技术研讨会。他不仅邀请了公司内部的顶尖技术人员，还向全行业的专家和学者发出了诚挚的邀请。

研讨会当天，会场座无虚席。李雷站在讲台上，满怀激情地展示了公司最新的研发成果。他详细阐述了技术的创新点、应用场景以及未来发展方向，毫无保留地分享了研发过程中的经验和教训。与会者们被他的真诚和专业所打动，纷纷报以热烈的掌声。

在研讨会的互动环节，与会者们踊跃提问，与李雷及其团队进行了深入的探讨和交流。许多专家和学者对李雷公司的技术成果表示出浓厚的兴趣，并表达了与李雷公司展开深度合作的意愿。

李雷的分享精神不仅为公司赢得了良好的口碑，还成功收获了一大批业内精英。这些专家和学者们纷纷表示愿意为李雷的公司提供资金扶持、技术支持、市场推广等方面的帮助，共同推动行业的发展。

书院山长桃李满天下

元代岳麓书院的山长张图南先生，是一位德高望重的学者。在他的引领下，岳麓书院成为了当时最负盛名的学术殿堂，吸引着无数渴望求知的学子前来求学。

张先生深知知识的力量，他常常告诫学生们："学无止境，唯有不断学习，方能不断进步。"为了更好地促进学术交流，张先生经常组织学生们进行研讨，让他们各抒己见，相互启发，并不时给予学生们莫大的鼓励。

有一次，张先生在外出访学期间，偶然得到了一本珍贵的古籍。这本古籍记载了许多失传已久的学术理论和独到见解，对于学术研究具有极高的价值。张先生并没有将这本古籍独自珍藏，而是决定将其中的精华与学生们分享。

在课堂上，张先生逐一解读古籍中的深奥理论，结合实例进行阐述，使得枯燥的理论变得生动有趣。学生们聚精会神地听讲，不时记录着重要内容。

课后，学生们纷纷围上来，与张先生进行深入的探讨。这种正向循环的分享方式，不仅提高了学生们的学识，更激发了他们对学术研究的热情。

这种分享精神在书院中代代相传，使得岳麓书院成为了培养未来国家栋梁的摇篮，为后世留下了宝贵的学术财富。

📓 干货笔记

精准定位，了解需求。 掌握别人的需求是分享优质资源和信息的首要步骤。在分享前，深入了解对方的兴趣爱好、专业领域以及当前需求至关重要。例如，若你的朋友热衷于烹饪，那么你可以针对性地分享一些独特的烹饪技巧、合她口味的烹饪菜式及教程，或是推荐几款实用的烹饪工具。这样的分享不仅能显示你的关心，也能让对方感受到你的用心，从而加深你们之间的情谊。

定期更新，保持新鲜。为了保持分享的吸引力，定期更新内容，保持新鲜度也十分重要。你可以利用社交媒体平台，如微信、微博等，定期发布最新的行业动态、前沿科技知识或是引人入胜的趣闻轶事。此外，通过邮件列表向特定的朋友或同事发送定制化的资讯也是一个不错的方法。定期组织线下聚会，面对面地交流最近读到的好书、看过的精彩电影，都能让彼此之间的联系更加紧密。

互动交流，鼓励反馈。分享后，不妨主动询问对方对所分享内容的看法，是否有所收获，或是有哪些不同的见解。这种开放式的沟通方式，能激发对方提供更丰富、更有价值的反馈。通过这种方式，你们之间的思考能够相互激荡，产生更多的火花，从而达到更深层次的交流与理解。一次交流，不再是单向的传递，而是双向的互动与成长。

建立信任，注重隐私。谣言止于智者，信息爆炸的时代，必须对自己所分享的信息负责，确保信息真实可信，不传播不实言论或未经证实的消息，从而让信息接收者认为你说的话都很靠谱。同时，要尊重他人的隐私权，不随意泄露他们的个人信息或敏感数据。通过展现出诚信和负责任的态度，你将能够建立起牢固的信任关系，为未来的合作和交流奠定坚实基础。

场景演练

场景一 家庭闲暇时光

周末的午后，阳光透过窗户洒在客厅的地板上，郭紫与家人围坐在一起，享受着难得的闲暇。这时，郭紫想起最近在网上看到的一些有趣资讯和生活技巧，觉得这是个与家人分享的好时机。

他拿出手机，翻到那个健康小妙招，对爸妈说："爸妈，你们看，这是我今天在网上看到的，说是每天早上空腹喝一杯温水对身体好。我觉得挺不错的，咱们也可以尝试一下。"

接着，他又转向妻子，展示了一个做家常菜的视频，"老婆，你看这个，这个菜看起来简单又美味，晚上我们可以一起试着做做。"

行为解读：郭紫利用周末的闲暇时光，主动与家人分享网上的有趣资讯和生活技巧。这不仅为家庭带来了轻松愉快的氛围，还体现了郭紫对家人的关心和愿意分享的精神。通过分享优质资源和信息，郭紫促进了家庭成员之间的互动和交流，有助于建立良好的家庭关系，形成了家庭关系的良性循环。

场景二 朋友聚会畅聊

朋友们欢聚一堂，曹琦知道这时候聊天是少不了的。他准备好了一些有趣的话题，打算和大家一起分享。

曹琦兴奋地开口："你们听说过《门道》这本书吗？我最近刚读完，真的是大开眼界。这本书里的观点太新颖了，让我收获特别大。我觉得你们也可能会对它感兴趣，我下次可以带来给你们翻阅一下。"

他接着又说："哦对了，上次我去旅行碰到了一个非常有趣的文化现象。你们知道吗，那里的当地人会用一种很特别的方式来欢庆节日，我觉得超级有意思。有机会你们真应该去看看。"

行为解读：曹琦在与朋友们聚会时，积极分享自己最近读到的好书和旅行中的有趣见闻。这不仅展现了他的见识和阅历，也拉近了他与朋友们之间的距离。通过分享优质资源和信息，曹琦不仅丰富了聚会的内容，还可能引发朋友们之间的深入交流和共同兴趣，从而形成更加紧密和多元的关系网络。

场景三 同事间工作交流

在工作中，施沫延深知与同事间的交流至关重要。除了讨论日常工作，他还乐于分享与工作相关的优质资源和行业动态。

有次开会，他提到："我最近发现了一款很实用的项目管理工具，能帮我们更有效地追踪项目进度和分配任务。我觉得这对我们团队挺有帮助的，推荐大家试试。"

还有一次，他跟大家分享："各位，新能源行业最近出台了一项新政策，这可能会对我们的工作产生影响。我建议大家都去了解一下这个政策的具体内容，这样我们可以及时调整工作策略。"

行为解读：施沫延通过分享实用的工作工具和行业新动态，不仅提升了团队的工作效率和质量，还展示了他的专业素养。这种积极的分享行为促进了团队成员间的信息交流，有助于形成更加和谐的工作氛围，同时也体现了施沫延的团队协作精神。

场景二 社区邻里互助

在社区的小巷里，朱真君总是那个热心的邻居。她觉得，与邻居之间的交流与互助，那可是比金子还珍贵的。

有天，朱真君碰到了张阿姨，就热心地告诉她："张阿姨，听说咱们社区要搞个亲子活动，您带着小宝去参加呗，既能跟孩子玩得开心，还能认识些新朋友。"

看到李叔叔，她又分享说："李叔叔，我最近发现了一个特方便的在线购物平台，啥都有，买生活用品、食材都方便得很。我觉得您可能会喜欢，有空您瞅瞅。"

行为解读：朱真君通过与邻居分享社区活动信息和生活服务资源，不仅帮助大家更好地融入了社区生活，还增进了邻里间的情感交流。她的热心与关心让邻居们感受到了温暖，这种积极的分享行为有助于营造一个和谐温馨的社区氛围。

第三章　办公室公关的门道

　　说起办公室，大家脑海里浮现的可能是敲击键盘的声音，忙碌着开会、汇报、伏案的身影，还有时不时响起的手机铃声。但在这个看似平常的空间里，其实隐藏着许多公关的"门道"。这些门道，就像是一把把钥匙，能帮你打开职场成功的大门。

　　回想一下，你有没有经历过在会议室里看着别人滔滔不绝，自己却插不上话的时候？你是不是恨不得有个魔法，能让自己也变得口若悬河？别急，这就是我们要说的大胆表达，勇于展现优势。你得敢把自己的优势展示出来。就像夜市里的小贩，不大声吆喝，哪来的客人呢？

　　办公室里，总有些小道消息、真心话，藏在大家的笑语和酒谈之中。怎么样才能听到这些"酒后真言"呢？这就需要我们用点小办法，探得这些真话。当然，这可不是叫你去偷听或者套话，而是要学会在合适的时机，引导话题，让大家自然地敞开心扉。

　　公关可不仅仅是要嘴皮子那么简单，更得有真才实学和过人的智慧。这就是我们要探讨如何以智驭人，非仅唇舌之巧。在办公室里，你要学会用脑子，而不是只用嘴巴。比如，遇到难题时，不是急着找答案，而是先冷静下来，用智慧去分析和解决问题。

　　说到办公室里的那些"刺头"，大家可能都头疼不已。他们难缠、固执，总是给你出难题。但其实，每个人都有软肋，关键是你得找对方法。恩威并施，就是搞定这些"难缠之辈"的秘诀。既要让他们感受到你的关心和帮助，又要坚守自己的底线和原则。

最后，还得学会一招——巧用亏欠。这可不是让你去算计别人，而是要学会在职场中巧妙地运用人情世故。比如，你帮了同事一个小忙，他自然会心生感激，下次你有难时，他也会伸出援手。这样一来二去，不仅增进了感情，还让你在职场中更加游刃有余。

"这些门道结合起来就像是一本武林秘籍，掌握了它，你就能在职场中收放自如、游刃有余。

第一节 大胆表达，勇于展现优势

沉默的付出虽然值得尊敬，但在现今社会中，却可能不为人所知。如果你是金子，那你就要勇敢地冲破灰尘的掩埋，将自己的光芒展现出来。不要总是默默无闻、人淡如菊、不争不抢。人们往往倾向于注意到那些敢于展示自己、勇于表达观点的个体。如果你总是保持沉默，不展示自己的贡献，别人可能会误以为你没有付出努力，或者你的工作成果并不显著。这可能导致你在团队中被边缘化，错失参与重要项目或获得认可的机会。

在追求内敛含蓄的文化里，很多人可能担心，展现自己的优势会不会显得过于张扬，或者引来同事的嫉妒。其实，这种担忧是多余的。因为在这个竞争激烈的时代，如果你不主动展现自己，那么别人就很难发现你的价值。而且，展现优势并不是为了炫耀，而是为了更好地完成工作任务，提升团队的整体效率。

如果你擅长数据分析，但在团队中从未提及，那么当团队遇到数据分析的问题时，你可能会被忽视。而如果你大胆地展现自己的这一优势，那么在遇到相关问题时，你就能发挥关键作用，帮助团队解决难题。而且，展现优势还能帮助你建立自信，提升个人魅力。当你勇敢地展现自己，并在工作中取得成果时，你会感到一种成就感，这种成就感会让你更加自信、更加坚定地走向成功。

大胆表达，勇于展现优势，是你走向成功的关键一步。不要害怕展现自己的优势，更不要因为担心别人的看法而隐藏自己。每个人都有自己的闪光点，每个人都有自己的价值，自己强大起来别人才看到你，才看到你的能力和努力。

勇敢自荐，主持人寻求职业腾飞

奥普拉·温弗瑞是当今世界最著名的脱口秀主持人之一，在她的职业生涯早期，奥普拉就展现出了出色的自我推销能力。在奥普拉刚开始她的电视生涯时，她就在地方电视台的一档早间节目中担任主持人和制片人。尽管节目规模不大，但她却充分利用这个平台，大胆展现才华，以充满激情和亲和力的主持风格赢得了观众的喜爱。奥普拉渴望更大的发展空间，她主动寻求机会，开始主动向更大的电视台和节目制作公司推销自己，寄送自己的节目录像带，并附上热情洋溢的自荐信。

在一次电视行业的聚会上，奥普拉有幸遇到了一位资深的电视节目制作人——梅耶斯。梅耶斯在业内有着广泛的影响力，是许多成功节目的幕后推手。奥普拉抓住这次机会，向梅耶斯详细介绍了自己的经历和理念。梅耶斯被奥普拉的热情和才华所打动，决定给她一个更大的舞台。在他的帮助下，奥普拉得以主持一档全新的脱口秀节目。这个节目后来成为了电视史上的经典之作，也让奥普拉的名字家喻户晓。

要勇于展现自己，有时候，成功就需要那么一点勇气和主动。奥普拉通过大胆表达，勇于展示自身优势，成功吸引了行业内资深人士的关注。得到贵人相助，事业迎来起飞。在梅耶斯的帮助下，奥普拉的职业生涯迎来了重大转折，她的节目成为了全球最受欢迎的脱口秀之一。奥普拉不仅成为了电视界的巨星，还利用自己的影响力创办了读书俱乐部、杂志等，成为了一位真正的媒体女王。

奥普拉·温弗瑞通过大胆展现自己的才华和主动寻求机会，最终遇到了职业生涯中的贵人。在贵人的帮助下，她的事业一飞冲天，成为了全球知名的电视人。

沉默误事，技术高手错失机会

吴宝华是个技术高手，在一家知名的互联网公司工作。吴宝华性格内向，他相信"酒香不怕巷子深"，所以总是勤恳做事，并不善于在团队中主动展现自己的才华。

在公司里，吴宝华默默地工作，完成了许多技术难题的解决，但他却很少在团队会议或项目讨论中发声。每当团队讨论技术方向或遇到难题时，他总是那个在一旁默默观察的人。即使他有独到的见解和解决方案，也很少主动分享。

不久，公司启动了一个重要的新项目，需要选拔一个技术负责人。吴宝华心里很清楚，他对这个项目的技术方向有着深刻的理解和独到的想法。在选拔会议上，他却选择了沉默。他觉得自己的实力会被大家看到，无需多言。

可是，事实并非如此。因为吴宝华在之前的团队讨论中鲜少发言，很多同事并不了解他的实力。最终，技术负责人的位置被另一个平时比较活跃的同事小王获得。小王虽然技术不错，但在某些方面并不如吴宝华。

项目启动后，吴宝华发现自己被分配到了一些边缘的技术任务，而小王则带领着团队核心成员攻克关键技术。吴宝华心中五味杂陈，他意识到自己因为过于保守和沉默，错失了展现自己才华的机会。这个项目最终取得了很大的成功，小王因此受到了公司的嘉奖和提拔。而吴宝华，虽然他的技术能力很强，却因为自己的沉默和不主动，与这个重要的机会失之交臂。

吴宝华深刻反思了自己的行为，他决定在未来的工作中要更加大胆地表达自己的观点，展现自己的优势。历经此事，他才懂得如果不主动展示，即使再有才华，也可能被埋没。

毛遂自荐，酒香也需出巷弄

战国时期，赵国都城邯郸被秦军围困，赵王派平原君出使楚国，希望能够联合抗秦。平原君打算从门下食客中挑选二十名文武兼备之人一同前往，但挑来挑去，只选中了十九人，还差一人。

这时，一个叫毛遂的食客走上前来，向平原君自我推荐说："听说您将要到楚国去游说，愿意随您前往。"几番交流下来，平原君觉得毛遂说的话很有道理，同时又觉得他口气不凡，便答应他同往楚国。

在楚国，平原君与楚王商谈合纵抗秦之事，从日出谈到日落，也没有结果。这时毛遂按着剑大步跨上宫殿的台阶，对平原君说："合纵的利弊，两句话就可以说明白，怎么从日出谈到日落还不能决断！"楚王听后盛怒，喝道："还不快给我下去！我和你主人说话，你上来干什么？"

毛遂按剑而前，不卑不亢地说："大王呵斥我，无非依仗楚国人众。现在我与你咫尺之间，人多无用。你命在我手，怎可如此无礼？汤、文王非以兵力称王，而是发挥威势。楚国地广兵强，是称霸之资。谁能抵挡？白起曾以数万兵马攻楚，连毁楚数城，这是楚之耻辱，怎能忘记？合纵抗秦，为楚非赵！"

楚王听后大为惭愧，认为毛遂说得句句在理，于是与平原君歃血为盟，决定出兵抗秦。平原君回到赵国后，十分感慨地说："我手下食客上千，平时没发觉他们有什么了不起，今天多亏了毛遂，他三寸不烂之舌，强于百万之师啊！"从此，平原君把毛遂尊为上宾。毛遂通过自荐，成功地抓住了展示自己的机会，不仅为赵国带来了联合抗秦的希望，也让自己从一介食客变为平原君的上宾。

干货笔记

认清自己的优势。想要在人前大胆地展现自己，首先要认清自己的优势,它可能隐藏在你的专业技能中,也可能体现在你出色的人际交往能力上,或者是你敏锐的问题解决能力。每个人都有他独特的才华和闪光点,只是有些人尚未发掘,或者不知道如何有效地利用。为了更好地认清自己,你可以尝试列出一个清单,详细记录下自己的各种优点和长处。这样做不仅能帮助你更全面地了解自己,还能在关键时刻提醒你,给予你自信。

练习自我表达。很多人内心丰富,但一旦需要口头表达,就变得语无伦次。为了提高自己的表达能力,你可以尝试一些实用的方法。例如,在家里对着镜子进行模拟演讲,或者邀请几位亲密的朋友,模拟真实场景进行角色扮演和演练。在练习的过程中,务必注意表达的清晰度和条理性。不仅要确保自己的观点明确,还要保持适中的语速,让自己的发言听起来既自信又不失专业。

抓住合适的时机。不是每个场合都适合大放异彩,选择正确的时机至关重要。例如,在团队的讨论中,如果某个话题正好触及你的专业领域,那么这就是你展现自己的绝佳机会。不要犹豫,主动发言,与大家分享你的见解和经验。同样,当领导征求大家的意见或建议时,也是一个不容错过的机会。大胆地说出你的想法,不仅要有理有据,还要充满自信。真正的机会总是留给那些有准备并且敢于抓住它的人。

不卑不亢,从容不迫。在展现自己的过程中,难免会遇到他人的质疑、挑战甚至直言不讳的批评。面对这些情况,你应不卑不亢、从容不迫,不能因为一时的挫折就轻言放弃。反之,你需将每一次的反馈视为宝贵的经验,看作是自我提升和学习成长的绝佳机会。通过不断地反思和改进,才能更好地完善自己,逐步变得更加优秀和成熟。

场景演练

场景一 项目提案会议

今天这场重要项目提案的评审会,汇聚了公司各部门的头目,宋暖必须全力以赴。她调整呼吸，声音洪亮而清晰："领导们好，我来介绍即将启动的项目。经过深入市场调研，我们发现市场对这类产品的渴求正急剧上升。我们的项目，就是回应这一需求而生。"

她详尽地阐述了项目的来龙去脉，从背景到目标，再到执行计划和预期成效，无一不细致入微。她突出团队的专业水准和创新能力，以及公司在业界的领先地位。她的表现，既自信又专业，深深打动了在座的领导。

陈述结束时，她语气坚定："有公司的鼎力支持和团队的齐心协力，此项目必将大放异彩。我们将创造行业标杆，助力公司攻占更多市场，赢得丰厚回报！"

行为解读：宋暖在项目提案评审会上展现了极高的专业素养和自信心。她准备充分，条理清晰地传达了项目的核心价值与公司优势，大胆展现了团队的技术实力和创新思维。她的自信表达和专业优势，赢得了领导层的肯定。

场景二 与客户的商务谈判

葛兴坐在谈判桌前，正对着一家大型企业的采购经理。这场谈判，对葛兴和他的公司而言，都是一次不容小觑的考验。若能与这家企业携手，公司的名声和市场占有率无疑会大幅跃升。

他带着微笑，温文尔雅地开口："您好，我是外贸公司的销售代表葛兴。很荣幸能与您探讨合作的可能。我公司在外贸领域深耕多年，经验丰富，技术团队实力雄厚。期待与贵司建立长久合作，共同拓展市场。"

随后，葛兴详尽地展示了公司的产品和服务，以及为对方量身定制的合作方案。谈判中，他自信满满，专业度爆表，不断凸显公司优势与合作潜力。同时，他也细心聆听对方的诉求，机智地调整谈判策略。几番商讨过后，合作意向终于达成。

行为解读：葛兴在谈判中展现了卓越的销售和谈判技巧。他自信而专业地介绍了公司和合作方案，同时灵活应对，注重倾听与理解对方需求。他的专业素养和机智应对促成了与大型企业的合作，为公司开拓了更广阔的市场前景。

场景三 公司内部岗位竞聘

公司近期空出了一个管理岗位，钟俊对此心动不已。虽然他眼下只是名普通员工，但他决心挑战自我，去争一争这个机会。竞聘演讲时，他声音洪亮，信心满满："领导们、同事们，大家好！我今天来，是想竞聘公司的管理岗位。虽然我只是个普通员工，但我深信自己有这能力担起这份重任。"

他从自己的工作经历、个人成长，还有对管理角色的独到见解和未来规划进行了细致的讲述，还着重强调了自己的责任心、团队精神，以及解决问题的能力。用他专业的工作经历、严密的逻辑、和一份热情与自信，让在场的每一个人都感受到了他的决心。他坚定地说："如果能得到这个岗位，我必定全力以赴，为公司添砖加瓦。请大家给我这个机会，我绝不会让大家失望！"

行为解读：钟俊在竞聘管理岗位时，表现出了极大的勇气和自信。他不仅详细阐述了自己的工作经验和能力，还展示了对管理岗位的深刻理解和未来规划。他的果敢和决心感染了在场的每一个人，展现出了他勇于挑战自我、追求更高目标的精神风貌。

场景四 跨部门合作项目

公司启动了一个跨部门合作项目，尹笑作为项目组的重要一员，深知与其他部门同仁的紧密合作至关重要。在项目的首次碰头会上，她抓住机遇，主动出击，展示自身实力。她满面笑容地向大家致意，并自我介绍道："非常荣幸能加入这个跨部门合作项目。过往的工作经验让我积累了一些心得，我期望在此次项目中贡献自己的力量，与大家共同进步。"

尹笑详尽地阐述了自己在项目组中的角色与任务，同时分享了对项目的独到见解和建议。她的主动与敬业，赢得了在场同仁的赞赏与尊敬。随着项目的推进，尹笑与其他部门的同事建立了融洽的合作关系，共同为项目的成功助力。

行为解读： 尹笑在项目会议上积极展现个人优势，凭借丰富的经验和专业能力，成功赢得了团队成员的信任。她主动沟通，明确职责，提出建设性意见，展现了高效的团队合作精神。尹笑的积极态度为跨部门合作奠定了良好的基础，推动了项目的顺畅进行。

第二节 妙计锦囊，探得"酒后"真话

酒是情感和灵魂的催化剂，在办公室这个复杂的小社会里，了解同事、上司的真实想法尤为重要。而"酒后"的真话，或许能为我们提供一些平时难以获得的线索。

人们往往在放松的环境中会卸下心防，这里说的"酒后"，也不是指真的要让对方喝醉，而是借助一种轻松、非正式的氛围，让对方在放松的状态下自然地流露出真实想法。这时，一些平时不便说或不愿说的话，就可能在谈笑间不经意地流露出来。

一次团队建设活动后的聚餐，或是下班后的小聚，都是探得真话的

绝佳时机。话题可能包括对某个项目的不满、对团队氛围的看法，或是对未来职业发展的期望等。这些信息对于我们这些想要在办公室公关中占据先机的人来说，无疑是宝贵的情报。它们能帮助我们更好地理解团队成员，预测可能的冲突，甚至提前化解潜在的矛盾。

要注意的是，喝酒一定要适度，没必要喝得伶仃大醉，否则万一身体出了问题，或是说出一些不该说的话，反倒会引起日后相处的尴尬。因为饮酒过度本身会影响身体健康，并且人在醉酒状态下可能会失去理智，做出一些不合时宜的出格行为。因此，拿捏好小酒怡情的分寸，也是很重要的。而且还要注意分辨，有些话并不一定是真心话，可能只是一些情绪上的表达。

酒神启示，苏格拉底洞悉政治内幕

古希腊时期，苏格拉底有一次受邀出席一个贵族举办的奢华宴会。宴会上，觥筹交错，贵族们畅饮美酒，谈笑风生。其中，有位年轻气盛的贵族，名叫阿尔西比亚德斯，他出身名门，政治地位显赫，却有一个大毛病——常常在酒后泄露许多政治秘密。

苏格拉底并没有像其他人那样嘲笑或轻视阿尔西比亚德斯，反而利用这一机会，与他展开了深入的对话。在酒精的作用下，阿尔西比亚德斯变得格外健谈，他无意中透露了雅典政治圈内的种种内幕，包括权力斗争、派系纷争以及未来的政策动向。

苏格拉底静静地聆听着，心中却翻江倒海。他意识到，这些信息不仅能够帮助他更加清晰地了解当时的政治局势，还能为他的哲学思考提供宝贵的素材。他深知，政治与哲学是相辅相成的，政治是哲学的实践舞台，而哲学则是政治的指导思想。

通过宴会上的"酒神启示"，苏格拉底对雅典的政治现状有了更为深刻的认识。他将这些珍贵的情报融入自己的哲学体系中，使之更加完善与丰富。这一经历不仅展现了苏格拉底的智慧与洞察力，更成为了他哲学道路上不可或缺的一部分。

酒中探真，赵明诚成功破解案件

宋朝词人李清照的丈夫赵明诚是朝廷里的一名官员。有一天，赵明诚面临一宗复杂的贪污案件。案件中的涉案官员关系错综复杂，真相难以捉摸。赵明诚陷入困境，不知如何下手。他日夜苦思，但仍无法理清案件的头绪。

李清照见丈夫如此苦恼，便思索着如何帮助他。她灵机一动，向赵明诚提出了一个建议："官人，为何不设宴邀请这些涉案官员？或许在酒宴上，他们能够放松警惕，酒后或许会透露出一些真相。"赵明诚听后，认为这是个可行的方法。于是，他决定依计行事，设宴邀请涉案官员。宴会当晚，赵府灯火通明，人声鼎沸。涉案官员们纷纷赴宴，觥筹交错间，气氛逐渐放松。赵明诚细心观察，发现有几位官员酒量不佳，便巧妙地频频向他们敬酒。

随着酒意的加深，那几位酒量不好的官员开始口无遮拦。赵明诚趁机引导话题，逐渐引向案件。果然，在酒精的作用下，其中一位官员无意中透露了关键信息，为案件的破解提供了重要线索。赵明诚紧紧抓住这一线索，连夜审理案件。经过一番调查，终于将案情查明，成功破案。皇帝得知后，对赵明诚大加赞赏。赵明诚回到家中，感激地对李清照说："夫人，多亏了你的妙计，我才能成功破案。你真是我的智囊啊！"

酒后"真言"，切勿盲目信以为真

郑伟和舒晓晓是很多年的朋友了。两人时不时就会一起喝点小酒，聊聊日常。郑伟老觉得，喝了酒后，人们更容易说实话，所以每次跟舒晓晓喝酒时，他都特别留意舒晓晓说的话，想听听她的真心话。

某个周五的晚上，他们又约在了常去的酒吧。几杯酒下肚，舒晓晓开始说起自己工作上的事儿。她抱怨说，最近在单位里过得不咋开心，老板好像不太待见她，同事们也跟她不对付，还说自己都想辞职了。郑伟听到这话，心里挺不是滋味的，因为他知道舒晓晓挺喜欢现在这份工作的，而且他也觉得她确实干得不错。

喝完酒后，郑伟反复琢磨舒晓晓的话。他觉得，作为哥们儿，得支持舒晓晓的决定，于是开始帮她物色其他的工作，甚至还主动帮她投简历。可是，事情的发展跟郑伟想的不太一样。当舒晓晓听说郑伟在帮她找工作时，感到非常意外和困惑。她说，虽然那天酒后心情确实不太好，但真没想过要辞职。这时郑伟才明白，自己可能是误解了舒晓晓酒后的话，单位各方面基本是能够让她满意的，原来她当时只是一种情绪发泄，而不是真的想离开跳槽。

更麻烦的是，因为郑伟的"好心帮忙"，舒晓晓的老板也听说了她想辞职的事，开始对她产生了不信任。舒晓晓因此陷入了尴尬的境地，跟郑伟的关系也变得有点微妙。郑伟心里挺过意不去的，他意识到酒后的话不能全信。他向舒晓晓道了歉，承诺以后不会再轻易相信酒后的话了。

您瞧，虽然酒后人们可能更容易说实话，但也不能全信。人和人之间的沟通，还是得靠理性和判断。有时候即使是出于好心，也可能会因为误解而惹出不必要的麻烦。

干货笔记

合适的饮酒环境与规则。要确保饮酒环境是适宜的。可以选择一个私密且装饰温馨的场所，让人们感觉自在。同时，设定一些简单的饮酒规则也很重要，比如不强迫任何人喝酒，确保每个人都能在舒适的状态下饮酒。此外，提供适量的食物也可以帮助减缓酒精的吸收，保持参与者的清醒度，从而更容易进行深入的对话。

巧妙引导话题。引导话题的方式非常关键。在对方喝酒后，你可以从轻松的话题开始，如最近的电影、音乐或体育活动，然后逐渐转向更深入、更个人化的话题。例如，你可以分享一些自己的小故事或经历，从而鼓励对方分享他们的故事和看法。重要的是，要保持对话的自然和流畅，避免让对方感到被强迫或不舒服。

倾听与观察。在饮酒交谈中，倾听和观察是获取真话的关键。要注意对方的语气变化、面部表情和肢体语言。有时，人们会在不经意间通过非言语的方式透露出真实的情感和想法。同时，避免打断对方，给予他们充分的时间来表达。你的耐心和关注会让对方感到被理解和尊重，从而更可能分享真实的想法。

适时追问与反馈。在对话过程中，适时的追问可以引导对话走向更深入的层次。追问的方式需要谨慎，以避免让对方感到压力。你可以尝试以开放性问题开始。同时，给予积极的反馈也很重要，以显示你在认真倾听并理解对方的观点。这种互动方式有助于建立信任，从而让对方更愿意分享真实的想法和感受。

🎬 场景演练

场景一 与上司的酒后闲谈

公司年会落幕，灯光渐暗，人群散去。解百强正打算离场，却瞥见上司孤单坐在角落，手捧酒杯，神情落寞。他心生一念，决定上前搭话。轻步走近，他轻声试探："领导，看您独酌，我来陪您喝几杯，不介意吧？"说着，举杯示意。

上司略显惊讶，却很快与他碰杯共饮。几杯过后，上司似打开了话匣子，叹气诉苦："你不知，我压力山大。业绩、团队、家庭，哪一样都让人头疼。"解百强听后心有戚戚，轻声道："领导，您确实不易。我们往往只看到您的光鲜，却忽略了您的负担。"上司苦笑："有时真羡慕你们，能专心工作，无忧无虑。"解百强轻拍上司肩膀，以示理解。

行为解读： 解百强善于察言观色，捕捉到上司的孤独时刻，借机深入交流。他的亲切和体贴让上司敞开心扉，酒后吐真言。此次交谈不仅增进了彼此了解，也拉近了上下级关系，展现了解百强的高情商和人际交往能力。

场景二 与同事的酒后倾诉

某天晚间，骆茹和几位同事一起聚餐，为项目的圆满完成而庆祝。几杯酒下肚，气氛逐渐热烈。这时，平时颇为内向的成筠突然对骆茹说："你晓得不，我其实老羡慕你了。"骆茹一愣，好奇地问："羡慕我？为啥啊？"成筠叹了口气，有些失落地道："你看你，工作能干，人缘又好。项目、团队啥的你都搞得定。我就不行了，总觉得自己啥都不如人。"

骆茹心生同情，宽慰他："每个人都有自己的优缺点，你也一样。就像你那次的项目方案，我就觉得特别有新意和实用性。这说明你在某些方面是相当有才华的。"成筠听后眼中闪过希望："真的吗？你觉得我那方案好？""当然了，"骆茹肯定道，"只要你持续努力，挖掘自己的潜能，肯定会越来越出色的。"

行为解读： 面对成筠的酒后倾诉，骆茹不仅给予了耐心的倾听，还巧妙地发掘并肯定了对方的优点，从而提升了成筠的自信心。骆茹的做法不仅更加了解成筠的内心世界，增进了同事间的友谊，还体现了她善解人意和富有同情心的一面。

场景三 与客户的酒后交流

华灯初上，隆东升与一位重要客户相约在格调高雅的餐厅共进晚餐。银餐具、精致瓷盘与玻璃杯交相辉映，满桌佳肴，香气扑鼻。几杯美酒下肚,话题逐渐深入。客户抿口红酒后坦言:"你们公司产品虽好,但价格偏高。"

隆东升抓住机会,微笑回应:"理解您的顾虑,价格问题我们一直在关注。您认为降多少合适?"客户思索后答:"降10%或许可行。"隆东升点头:"您的建议很有价值,我会向公司反馈。"

行为解读:隆东升在晚餐中机智捕捉商机,通过细致观察和沟通,巧妙引导客户提出价格建议。他不仅倾听了客户的真实想法,还为后续谈判收集了宝贵信息,展现了敏锐的商业洞察力和高超的交际技巧。

场景四 酒后误会的化解

某晚瞿莉颖组织了个小型同事聚会,特意选了轻松的环境,备好美酒,就为让大家放松说真话。聚会中,大家逐渐放开,几位同事在酒精的作用下,开始吐露一些平时不会说的想法。

李丽丽借着酒劲说:"我一直觉得咱项目管理方式有问题。"瞿莉颖立马接话:"有哪些问题呀?"

李丽丽坦言:"项目计划总是太过僵化,不够灵活。有时候,为了适应变化,我们不得不花费大量时间和精力去调整计划,这真的很影响效率"。张呈也加入,说沟通不畅导致问题堆积。

瞿莉颖认真倾听,一一记下。聚会后,她整理意见,结合自己的想法,拟了份改进方案。项目会议上,她提出这些建议,得到大家热烈响应。

行为解读:瞿莉颖通过组织轻松聚会,巧妙利用酒后畅谈的氛围,引导同事吐露真实想法。她不仅倾听,更将建议转化为实际行动,推动了项目管理的改进,"酒后"这个特殊时刻,有时确实能带来意想不到的收获。

第三节 以智驭人,非仅唇舌之巧

不懂驭人,如何成事? 自古以来,凡成大事者,必定要学会驭人。驭人之术,指的是管理和领导技巧,在人际交往和团队管理中,你如何有效影响和指导他人。驭人之术并不仅仅依赖于能说会道,更不在于操控他人。单纯的唇舌之巧,或许能短暂取悦他人,操控之术,最终也会崩塌。长远来看,真正的智慧和品质才是稳固人际关系的基石。

智慧体现在处理复杂情况的能力上。办公室中难免会遇到各种棘手的问题和矛盾,如何妥善处理这些情况,既维护自己的利益,又不损害与他人的关系,这就需要我们运用智慧来找到平衡点。

人与人交往,信任就是人生发展的金库。真心实意,做事靠谱,这样才能让别人信得过,一起干大事。这种信任不是靠几句好话就能搞定的,得慢慢来,得下功夫。学聪明点,别光练嘴皮子。聪明能让咱们更懂别人,处理棘手问题也能更得心应手,建立信任也能更真诚。

诸葛亮以智驭黄承儿

三国时期,蜀汉丞相诸葛亮与黄承儿的一段交往,便深刻体现了对君子的驭人之道绝非单靠唇舌之巧。

黄承儿是蜀汉一位年轻有为的官员,才华横溢,性格却颇为孤傲。他自视甚高,对诸葛亮的智谋虽有所耳闻,却并不完全信服。诸葛亮知晓黄承儿的性格,决定以智驭之,而非单纯以权压人或以言语相劝。

当时,蜀汉正面临北伐的重要决策,诸葛亮需要黄承儿的支持和协助。他并未直接命令或恳求,而是邀请黄承儿共同商讨北伐大计。在会议上,诸葛亮详细分析了敌我形势,阐述了北伐的必要性和可行性,他的每一句话都基于严密的逻辑和事实。黄承儿初时还带有几分傲慢,但随着诸葛亮的深入剖析,他逐渐被其深邃的战略眼光和对国家命运的深切关怀所打动。诸葛亮在讲述中,不时引用历史典故,以古喻今,使得他的观点更加生动有力。

会议结束后,黄承儿对诸葛亮的看法大为改观,他不仅对北伐计划表示支持,还主动请缨,愿意承担重要任务。诸葛亮微笑颔首,他知道,这不是因为自己的口才,而是因为他用智慧和事实打动了这位年轻才俊。此后,黄承儿在北伐中表现出色,成为诸葛亮麾下的一员得力干将。两人的交往也日渐深厚,黄承儿更是从诸葛亮身上学到了不少为人处世的智慧。

对于君子般的人物,单纯的言辞是不够的。诸葛亮正是凭借他的智慧和对事实的深刻理解,成功驭住了黄承儿这样的才子,共同为蜀汉的兴盛贡献力量。

岳飞以情驭牛皋

南宋时期民族英雄岳飞之所以能够屡建奇功,不仅依靠个人的英勇,更得益于他身边的一群忠诚勇敢的将士,其中便包括了他的好友牛皋。

牛皋是一位典型的勇者,性格直率,行事果断,他评判人的标准很简单,就是看对方是否真心相待,以此来决定是否与之交往。他在战场上勇猛无畏,深受岳飞赏识。牛皋初原本是个江湖豪杰,到岳飞麾下时,对于军队的严格纪律和繁文缛节颇感不适,甚至有些抵触。

岳飞看出了牛皋的困惑和不满,但他没有以军令压人,也没有长篇大论地讲道理,而是选择了与牛皋真诚交流。他向牛皋讲述了自己抗金的决心和理想,表达了对国家民族的深情厚意。岳飞的真挚情感打动了牛皋,让他感受到了岳飞的赤诚和担当。

在岳飞的感召下,牛皋逐渐放下了心中的抵触,开始真心实意地追随岳飞,共同抗击金兵。他在战场上屡立战功,成为了岳飞麾下的一员猛将。而这一切,都源于岳飞对他动之以情的驭人智慧。

勇敢的人通常直接、果断、坚决,他们非常厌恶拐弯抹角和犹豫不决的行为。对于这样性格直率、行事果断的人,单纯的命令或说教往往难以打动他们。唯有以真挚的情感去交流和沟通,才能赢得他们的信任和支持。这种驭人智慧不仅体现了领导者的个人魅力,更是对人性深刻洞察的结果。岳飞的智慧不仅在于他的战略眼光和军事才能,更在于他懂得如何以情驭人、凝聚人心。

曹操以利驱许攸

许攸在三国时期原是袁绍的谋士,因不满袁绍的傲慢和无知,转而投向曹操。他带来的重要情报,为曹操在官渡之战中取得胜利起到了关键作用。许攸不是一个道德高尚之人,他之所以背叛袁绍,很大程度上也是出于对个人利益的考量。

曹操深知许攸的为人,也明白他在官渡之战中的价值。因此,当许攸来投时,曹操不仅热情接待,更给予他极高的礼遇和丰厚的赏赐。这些利益,让许攸感受到了曹操的诚意和重视,也让他更加愿意为曹操效力。在官渡之战中,许攸充分发挥了自己的智谋,为曹操出谋划策,最终帮助曹操击败了袁绍。而曹操也兑现了自己的承诺,给予了许攸更多的权力和地位。

曹操明白，像许攸这样的小人，虽然可以为了利益而暂时合作，但终究难以长久。因此，在利用完许攸的价值后，曹操便逐渐削弱了他的权力，最终将他排除在核心圈层之外。

有些人认为，对待品德有缺陷的人最好是敬而远之。但是，成功的人往往需要利用各种资源，即使这些人在道德上可能有缺陷。而对于品德有缺陷的小人，单纯的言语劝诱往往难以奏效。唯有以利益为驱动，他们觉得与你合作是有利可图的，才能让他们真心实意地为你效力。利用小人之时，也需时刻保持警惕，以防被其所伤。

干货笔记

明确目标，知行合一。 在领导团队时，明确并传达一个清晰的目标或愿景是至关重要的。一个宏伟且具体的目标能够点燃团队成员内心的火焰，激发他们的斗志和动力。正如历史上的刘备，他不仅仅是一个英勇的战士，更是一个懂得人心、善于传达愿景的领导者。他通过不断地表达自己的宏大愿景，成功地吸引并留住了如关羽、张飞等英才，共同创下了不朽的功业。作为现代的领导者，我们也应该学会像刘备那样以身作则，确保自己的行为和言辞高度一致。这种一致性不仅仅是为了树立个人威信，更是为了赢得团队的信任和尊重。

善于利用心理效应。 了解并利用一些心理学原理，如"富兰克林效应"（通过请求帮助来拉近关系）、增加曝光率（曝光效应）、展示积极行为（镜像神经元理论）、提供帮助以换取好感（互惠原则）、展示专业知识和成功经验（社会认同原理）以及建立权威性（权威效应）及"吊桥效应"（通过共同经历心跳加速的事件来增进感情）等，以增强与他人的联系和影响力。

识人知用，设置考验。 你需要具备识别人才的能力，并能够吸引和留住这些人才。这可以通过提供良好的工作环境、有竞争力的薪资待遇和发展机会来实现。在某些情况下,为了保持团队的稳定和平衡,领导者可能需要有意设置一些障碍或挑战来考验和平衡团队成员。这样可以防止个别成员过于自负或破坏团队和谐。

利益分配,合理制衡。 在团队管理中,合理的利益分配是保持团队积极性的重要手段。每个团队成员都期望自己的努力能得到应有的回报。因此,作为领导者,我们要确保利益分配的公平性和合理性。同时,为了防止团队内部出现权力过度集中或个别成员膨胀的情况,我们需要巧妙地运用制衡策略。例如,可以设置一种相互制约的机制,确保每个成员都能在团队中找到自己的位置,发挥最大的价值。此外,培养多个核心成员也是制衡的有效手段,它不仅可以增强团队的稳定性和抗风险能力,还能激发团队成员之间的良性竞争,推动团队不断进步。

场景演练

场景一 与君子共事

温前正在与一位以正直和品德著称的君子同事携手推进一个重要项目。深知与这位同事沟通,靠的不是华丽的言辞,而是清晰明了的道理和坚定的原则。

温前诚恳地对他说:"你看,这个项目至关重要。它不仅关系到公司未来,更能为社会带来切实的好处。我们非常需要你的专业知识和坚守的原则,来确保项目的圆满成功。"

同事听后陷入沉思,随后点头赞同:"确实,这个项目意义非凡。我愿竭尽全力,为团队贡献自己的力量。"

行为解读: 温前在与君子同事沟通时,展现了以智驭人的高超技巧。他并未依赖华丽的言辞,而是用清晰的道理和原则来打动对方。通过强调项目的重要性和长远意义,成功激发了同事的责任感和使命感,展现了其高明的沟通和协作能力。

场景二 与利己者谈判

丁玲坐在谈判桌前,面对的是一位利益至上的精致利己主义者。她心里清楚,要与此人达成协议,空谈无益,必须拿出真金白银的好处。

丁玲微笑着开口:"如果我们能携手合作,贵方将享受到更优惠的合同条件,此外,还有额外的商机等着您。这样的合作,对我们双方都是稳赚不赔的。"

对方眼中闪过一丝贪婪,显然被丁玲的提议打动了:"哦?这听起来挺吸引人的。能详细说说吗?"丁玲随即详细阐述了合作的具体内容和潜在利益。最终,对方满意地点头:"好,我愿意认真考虑你的建议。"

行为解读:在与重利之人谈判时,丁玲不仅以利益为诱饵,更用具体的合作内容和潜在好处来打动对方,充分体现了其以智驭人的能力。丁玲的做法既满足了对方的需求,又为合作铺平了道路,展现了其高超的谈判技巧。

场景三 向智者请教

姚先仁遇到了一位智者,这位智者学识渊博,见解独到。姚先仁一直都很敬仰他,于是想找个机会向他请教。

姚先仁诚恳地对智者说:"我特别佩服您的学识和智慧,不知道您能否分享一些最新的行业动态或者对未来趋势的看法呢?"

智者听后,微微一笑:"没问题。不过,在分享之前,我也很好奇你的看法。"姚先仁抓住这次机会,不仅认真倾听了智者的分享,还适时地表达了自己的见解。

经过深入的交流，智者对姚先仁的观点大加赞赏，并给出了宝贵的建议。

行为解读：姚先仁在与智者交流时，不仅表现出了对知识的渴望，更通过展示自己的专业知识和独特思考，赢得了智者的尊重和信任。他明白，与智者交流，不仅仅是倾听，更要适时地展现自己，这样才能真正地从智者那里汲取到更多的智慧。

场景四 激励勇者团队

丘沐云作为团队负责人，面对的是一群勇敢果断的队员。他深知，要调动起这群人的工作热情，光靠指令可不够，更得用心去交流和认可。

一天，他把团队成员召集到一起，感慨地说："大家这段时间真的辛苦了，你们的努力和汗水，我都看在眼里，记在心上。我们一起并肩作战，已经取得了不小的战绩。"

这番话让团队成员们倍感温暖和鼓舞，他们纷纷表示会继续努力，不辜负丘沐云的期望。丘沐云趁势强调了团队合作的重要性，以及大家共同的目标，这让团队成员们的归属感和使命感更加强烈。

行为解读：丘沐云通过真挚的情感表达和对团队成员的认可，成功地激发了他们的工作动力和团队精神。这不仅提升了勇者团队的凝聚力，也为实现共同目标奠定了坚实基础。他的沟通技巧和情感智慧，为团队的成功做出了重要贡献。

第四节 恩威并施，搞定"难缠之辈"

在人生的棋盘上，办公室便是一方小小的战场。正如古人云："世事洞明皆学问，人情练达即文章。"在这里，我们时常会遭遇"难缠之辈"，如同顽石，难以雕琢。然世间万物，皆有法可循，恩威并施便是搞定这些难缠之辈的好办法。

所谓"恩"，即是给予温暖与关怀，如春风化雨，滋润万物，使之心生感激。在办公室里，那些难缠的同事，或许只是因为缺乏理解和关注，才变得如此棘手。此时，我们不妨以善意和关怀去感化他们，让他们感受到团队的温暖。例如，当某位同事因工作失误而情绪低落时，我们的一句安慰、一次鼓励，便可能让他们重新振作，进而改变对我们的态度。

而"威"，则是在必要时展现出的坚定与权威。如同雷霆之威，不容小觑。面对那些故意挑衅或无理取闹的同事，我们需要明确表达自己的立场和底线。此时，可以引用一些古人的智慧，如"君子和而不同，小人同而不和"，来表明自己的态度。同时，用事实和数据作为支撑，让他们明白我们的决策是经过深思熟虑的，而非任意妄为。

恩威并施如同太极图中的阴阳两极，相互制约又相互依存。例如，在处理团队内部的矛盾时，我们可以先以恩示人，通过沟通和理解来化解冲突；若遇到顽固不化者，则以威震之，明确底线和原则。

在办公室里，我们不必过于苛求完美，但要学会在恩威之间寻找平衡。只有这样，我们才能在这个小小的战场上游刃有余。

丘吉尔与"铁血宰相"俾斯麦的较量

19世纪末的欧洲政治舞台上，德国"铁血宰相"俾斯麦与英国首相丘吉尔之间的博弈，成为了那个时代的政治焦点。

德国在欧洲大陆的迅速崛起，如同一颗新星闪耀在欧洲的天空，却也引起了老牌强国英国的警惕。作为英国首相的丘吉尔，他深知德国的野心和实力，因此下定决心要遏制这股新兴的扩张势头。

俾斯麦被誉为"铁血宰相"，以其坚韧和智谋在欧洲政治舞台上崭露头角。他巧妙地利用各国之间的矛盾和利益纠葛，在欧洲大陆玩弄平衡术，使得英国难以找到直接插手德国事务的契机。

面对这样一个难缠的对手，丘吉尔明白，单纯的强硬或妥协都无法达到目的。他决定采用恩威并施的策略，既展示英国的强硬立场，又表达和平共处的意愿。

在公开场合，丘吉尔通过外交手段向德国施加压力，表明英国不会容忍德国的过度扩张。而在私下里，他又秘密与俾斯麦进行谈判，试图找到双方都能接受的解决方案。

谈判过程是艰难而曲折的。丘吉尔和俾斯麦都是政治老手，他们之间的较量不仅是智力的比拼，更是意志和耐心的考验。在多次的磋商和较量中，俾斯麦逐渐感受到了丘吉尔的诚意和智慧。他发现，这位英国首相没有一味地追求对抗，却是真心希望找到一种能让双方都能接受的解决方案。

最终，丘吉尔通过恩威并施的策略，成功地搞定了这位旗鼓相当的政治家。在双方的共同努力下，他们达成了一系列妥协和协议。这些协议不仅暂时缓解了英德之间的紧张关系，更为欧洲的和平稳定奠定了基础。

销售总巧妙化解销售"双金"争斗

赵博是一公司销售部的头儿,手底下有两位销售高手,汪敏和钱峰。这两人卖货能力一流,就是有一点,都特别好强,老想着争个高下。这种竞争本来也没啥,可渐渐地,两人之间的火药味越来越浓,搞得整个销售团队都跟着紧张。

赵博看在眼里,心里明白,这样下去可不行。于是,他决定出手调理调理。他先是分别找汪敏和钱峰谈心。对汪敏,他说:"小汪啊,你销售能力没得说,但团队里不是只有你一个人,大家得一起使劲儿。"对钱峰,他也类似地叮嘱了一番。

赵博知道,光谈心还不够,得来点实际的。于是他组织了个团建活动,让大家在吃喝玩乐中放松心情,也增进感情。活动中,汪敏和钱峰也玩得挺开心,无形中拉近了彼此的距离。

团建之后,赵博又搞了个新考核办法。以前只看销售额,现在还得看团队协作、客户满意度这些。这样一来,汪敏和钱峰就不能只盯着自己的业绩了,也得考虑团队的整体表现。这招果然奏效。汪敏和钱峰开始慢慢放下心结,不再那么针锋相对。他们开始更加关注团队的整体目标,而不仅仅是个人的销售业绩。

在赵博的悉心引导下,两人开始在某些重要客户项目上共同面对挑战,甚至在某个大单子上,两人还携手合作,一起拿下了客户。这可是以前想都不敢想的事儿!

随着时间的推移,销售团队的氛围日益转好,大家和睦相处,整体业绩也稳步提升。说起这事儿,汪敏和钱峰都夸赵博管理有方,说他既给了他们面子,又让他们明白了团队合作的重要性。赵博听了,只是嘿嘿一笑,说:"都是大家自己的努力,我只是搭了个桥而已。"

工作能手恩威并施走上晋升之路

陈刚在公司里是个公认的工作能手，业绩突出，人际关系也处理得不错。但他的晋升之路却一直被一个人挡着，那就是部门里的老资格员工王大海。王大海在公司待了很多年，虽然业绩平平，但他的人脉广，影响力大，而且他总是有意无意地给陈刚穿小鞋，让陈刚的晋升机会一次次落空。陈刚心里明白，要想晋升，必须过王大海这一关。

于是，陈刚先是主动接近王大海，经常向他请教问题，表现出对他的尊重和认可。王大海虽然有些傲慢，但也很享受这种被重视的感觉。接着，陈刚在团队中积极展现自己的能力和领导力，不仅把自己的工作做得有声有色，还经常帮助团队成员解决问题。他的表现赢得了大家的尊重和信任，也让王大海开始重新审视他。然后，陈刚在一次团队聚餐中，借着酒劲和王大海深聊了一次。他坦诚地表达了自己对晋升的渴望，也承认了王大海在公司的影响力和地位。但同时，他也坚定地表达了自己的立场和追求，让王大海感受到了他的决心和信心。

这次深聊让王大海对陈刚有了新的认识。他开始意识到，陈刚不仅是个有能力的人，也是个有野心、有魄力的领导者。他开始转变态度，不再阻挠陈刚的晋升，反而成了他的好帮手。

在王大海的支持下，陈刚很快就得到了晋升的机会，成功地搞定了这个曾经难缠的"绊脚石"，将其变成了自己的得力助手。

📓 干货笔记

摸清底细，知己知彼。 在复杂多变的职场中，我们首先要做的，便是深入了解他人。这不仅仅是为了应对，更是为了在未来的交往中占据主动。要细心探寻他们的内心世界，了解他们的性格、喜好以及隐藏在表面下的真实目的。通过日常的观察和交流，甚至是通过他们在社交媒体上的痕迹，我们可以拼凑出一个完整的画像。这样，在日后的交锋中，我们才能针对性地出牌,打出我们的策略和智慧。

适时施恩,暗藏玄机。 与他人打交道,真诚与策略并存是关键。我们要用微笑和善意去接近他们,让他们在心理上放松警惕。在这过程中,我们可以巧妙地利用他们的弱点,或是满足他们的小小虚荣,或是给予一些实质性的小恩小惠。这些看似微不足道的举动,实则能在潜移默化中影响他们的态度和行为。而这一切,都需要我们在心中精心筹划,不露声色地进行。

软硬兼施,展示威严。 在尝试了和平手段后,如果对方仍不友善,那么我们就必须展示出我们的强硬之处,如合理地分配任务、设置考核标准等,让他们感受到我们的威严和底线。同时,我们也要明确表达,合作则双赢,对抗则俱损的道理。通过这样的软硬兼施,我们不仅能够维护自己的权益,还能让对方产生敬畏之心,从而在未来的合作中更加尊重我们的意见和决定。

场景演练

场景一 难缠的同事

凌建茗发现团队里的周大强总是对他的工作指手画脚,甚至故意找茬。一次,周大强又开始挑剔凌建茗的报告,这次凌建茗决定采取恩威并施的策略来应对。

"周大强,首先非常感谢你对我的工作的关注和建议。"凌建茗诚恳地说道,"我知道你对我的工作抱有很高的期望,这真的让我很受鼓舞。"看到周大强露出惊讶的表情,他继续说道:"我也希望你能理解,我们每个人的工作方式和方法都有不同。我非常尊重你的意见,同时也希望你能尊重我的工作方式。我们可以坐下来一起讨论如何改进,而不是单方面的批评。"

凌建茗的话语中既表达了感激之情,也明确了自己的立场和态度。周大强听后,虽然显得有些不自在,但也没有再继续挑剔。

行为解读： 凌建茗在处理与周大强的冲突时，首先表示感谢，以软化对方的态度，然后明确表达自己的立场，要求相互尊重。这种方式既展现了凌建茗的大度和理性，也有效地应对了对方的挑剔，维护了工作环境的和谐。

场景二 固执的领导

芮恒宜的领导是个出了名的固执己见的人，总是坚守自己的立场，对下属的意见往往充耳不闻。但这次，团队负责的项目遇到了前所未有的挑战，芮恒宜决定挺身而出，尝试扭转领导的观点。

"领导，真的很感谢您一直以来的悉心指导。"芮恒宜斟酌着词句，缓缓开口，"关于当前的项目，我有些不同的思考。"见领导并未立即反驳，他继续说道："我觉得，我们可以尝试采用一些新颖的方法来攻坚克难，例如……"他详尽而系统地阐述了自己的见解。

领导在听完芮恒宜的陈述后，陷入了短暂的沉思，随后缓缓道："你的观点很有启发性，我们不妨一试。"就这样，芮恒宜的建议被采纳了，并且项目最终圆满完成。

行为解读： 面对固执的领导，芮恒宜首先表达了对领导的尊重和感谢，以缓和气氛；接着，他凭借专业的分析和诚恳的态度，提出了自己的见解。这种方式既展现了芮恒宜的专业素养，也有效地打破了与领导之间的沟通壁垒，成功说服了原本固执的领导。

场景三 挑剔的客户

宫文作为项目经理，碰到了一个格外挑剔的客户包世宣。这位客户对每个项目细节都吹毛求疵，常常提出一些让人头疼的要求。

在一次项目会议上，包世宣又对他们的设计方案挑刺。宫文深吸一口气，面带微笑地回应："包先生，非常感谢您给出的意见。我们明白您对项目的要求，其实我们也是这么要求的。您的建议十分宝贵，我们会认真吸纳并做出调整。"

看到包世宣的脸色有所缓和，宫文继续说道："同时，我也希望我们能一起找个平衡点，既满足您的期望，又不耽误项目的进度和质量。我们可以成立一个专项工作小组，与您保持紧密联系，及时反馈和解决问题，确保项目顺利进行。"包世宣听后点了点头，同意了宫文的提议。

行为解读：面对难缠的客户包总，宫文首先表示感谢与尊重，以缓和气氛；然后提出共同寻找解决方案，既展现了合作态度，也隐含了坚持项目原则的决心。这种方式有效地缓解了紧张气氛，确保了项目的顺利进行。

场景四 拖延的团队成员

在胡跃的团队里，成员陈燕松总是显得对团队任务提不起劲，经常拖延工作，也不爱与其他人交流合作，让整个团队挺头疼。胡跃决定来个恩威并施，试着解决这个问题。

他私下找了陈燕松谈话。"陈燕松，我发觉你最近对团队的事儿好像不咋上心。"胡跃开口了，语气平和但态度明确，"咱们团队可离不开每个人的付出，你的努力对大家来说都很重要。"见陈燕松有点尴尬，胡跃接着说："你挺有能力的，我觉得你能做得更好。有啥难处或者建议，尽管跟我说，我肯定帮忙。"同时，胡跃也撂下了狠话："不过，从今儿起，你得更积极地参与团队的工作。要是情况没好转，那咱们可能就得重新合计合计你在团队里的位置了。"

行为解读：面对团队中的"刺头"陈燕松，胡跃先是温和地指出问题，表达期望，给予鼓励；同时也明确提出了要求和可能的后果。这种做法既展现了领导的关怀与引导，又不失严肃与权威，有助于激发陈燕松的积极性，改善团队氛围。

第五节 乐于助人，必有回报

人们常说"吃人嘴软，拿人手短"，这其实是亏欠心理的一种表现。当你在工作中适时地给予他人一些小帮助，或者在某些关键时刻伸出援手，你便在无形中创造了一种亏欠感。这种亏欠感，就像是一种隐形的纽带，将你们紧紧联系在一起。

当你的同事因为紧急任务而焦头烂额时，你主动提出帮忙分担一些工作，他便会心生感激。在未来某个你需要支持的时候，他很可能就会毫不犹豫地回报你。这就是亏欠心理的魔力所在。

这是一种基于人性本善的信任与投资，是对人际关系的精心耕耘。正如古人所言："种瓜得瓜，种豆得豆"。你在职场中播下的善意与帮助的种子，终将结出丰硕的果实。

当然，巧用亏欠心理并不是要我们刻意去算计别人，而是一种智慧的人际交往策略。它要求我们在给予与接受之间找到一种微妙的平衡，既不过于吝啬，也不过于慷慨，恰到好处地运用亏欠心理，我们可以建立起一种长期、稳定、互利的关系网。当我们在工作中遇到困难时，这张关系网就会成为我们最宝贵的资源

所以，不妨在工作中多一些主动和付出，把握人际关系的主动权，收获珍贵的友谊与信任。

招贤养士，孟尝君借势东山再起

在战国时期，孟尝君的名字如雷贯耳，他以过人的智慧和深邃的仁义情怀名扬四海。身为齐国的重要人物，他不仅因其显赫的家族背景而受人尊敬，更因为他那别具一格的待人之道而赢得了无数人的赞誉。

孟尝君深知，人与人之间的交往，不仅仅是物质上的往来，更多的是心灵的交流。因此，他总是以一颗宽广的心胸去接纳每一个前来投奔的门客，不问他们的出身和过往，只是单纯地给予他们最真挚的关心和热情款待。

每当有新的门客到访，孟尝君都会亲自出面迎接，与他们亲切交谈，了解他们的需求和困惑。他不仅为他们提供丰盛的宴席和舒适的住所，还会根据每个人的特长和兴趣，为他们安排合适的职务和工作。这种无微不至的关怀，让每一个门客都感受到了家的温暖。

除了物质上的帮助，孟尝君更注重精神上的鼓舞。他常常与门客们分享自己的经验和见解，引导他们走向正确的人生道路。每当门客们遇到困难或挫折时，他总是会及时出现，给予他们坚定的支持和鼓励。

这种无私的付出和真挚的关怀，使得众多门客对孟尝君心生感激之情。他们深知，孟尝君对他们的恩情重如山，自己必须找机会回报。于是，在孟尝君遭遇困境时，这些门客们毫不犹豫地站了出来。

有一次，孟尝君因政治风波被捕入狱，面临生死存亡的危机。在这危急时刻，他之前帮助过的门客们纷纷行动起来。他们有的潜入狱中传递消息，有的在外界策划营救行动，甚至有的不惜冒着生命危险为他辩护。最终，在众多门客的共同努力下，孟尝君成功脱险并重新夺回了自己的地位。

举手之善，餐厅老板赢得良好口碑

在美国加州的一个阳光海岸小镇，汤姆是当地一家知名餐厅的老板，也是社区里的活跃分子。

夏天,小镇举办了一场美食节,邀请了各地的餐厅和厨师来展示他们的手艺。作为本地餐饮界的代表人物,汤姆自然不能错过这个机会。他不仅准备了自己的拿手菜品,还特意设计了一场别开生面的烹饪表演。

在活动前夕,汤姆得知一个来自附近城市的小餐厅因为资金问题无法参加。这家餐厅的厨师是个有才华的年轻人,但由于餐厅规模较小,经营一直不太乐观。汤姆知道这个消息后,主动联系了这位厨师,表示愿意资助他参加美食节,并且还提供了展位的费用。

这位年轻厨师非常感激汤姆的帮助,他带着满腔热情参加了美食节,并展示了自己的独特菜品。由于汤姆的资助,他的展位位置极佳,吸引了大量游客的关注。很快,这位厨师的菜品就受到了广泛好评,甚至引起了媒体的关注。

在活动期间,汤姆经常到这位厨师的展位前帮忙,与他交流烹饪心得,还向游客们推荐这位厨师的菜品。游客们看到汤姆如此推崇这位厨师,纷纷驻足品尝,使得这位厨师的展位成为了整个美食节最火爆的地方之一。

美食节结束后,这位厨师的餐厅生意开始红火起来,他也因此成为了当地餐饮界的新星。他深知自己的成功离不开汤姆的帮助,因此对汤姆充满了感激之情。这位厨师不仅在公开场合多次感谢汤姆,还主动帮助汤姆宣传他的餐厅,推荐给他的朋友们。

通过巧妙地运用亏欠心理,汤姆不仅帮助了一个有才华的厨师走向成功,还为自己赢得了良好的口碑和更广阔的人脉资源。他的社交策略让他在社区中树立了良好的形象,同时也为他的餐厅带来了更多的客流和商机。

巧获贷款,小店主顺利扩大店面

在一个小城市里,陆班是出了名的热心肠。他经营着一家小小的五金店,虽然店面不大,但生意红火,这都得益于他平时乐于助人的性格。季月卓是陆班的老顾客了,他经常来店里买些五金配件。有一次,季月卓因为家里的水管突然爆裂,急需一个水管接头,但当时天色已晚,大多数店铺都已关门。他急匆匆地赶到陆班的店,发现还亮着灯。陆班二话不说,立刻拿出所需的水管接头,还亲自帮季月卓安装好。季月卓对此感激不已,连声道谢后离去。

过了不久,陆班遇到了一个棘手的问题。他计划扩大店面,但资金有些紧张,而银行贷款的流程又太过繁琐。他正愁眉不展时,突然想到了季月卓。季月卓在本地一家银行工作,或许能帮他想想办法。陆班找到季月卓,说明了自己的困境。季月卓听后,面露难色,因为银行贷款确实需要走正规的流程,不是他能轻易改变的。

但想到之前陆班的帮助,他心中涌起了一股强烈的亏欠感。"陆班,你放心,我会尽我所能帮你。"季月卓拍了拍陆班的肩膀,坚定地说。接下来的日子里,季月卓利用自己的专业知识,帮陆班整理资料,指导他如何更有效地通过银行审核。虽然过程并不轻松,但季月卓始终尽心尽力。最终,在季月卓的帮助下,陆班成功获得了贷款,店面扩张的计划也得以顺利实施。

📓 干货笔记

先予后取,建立互惠关系。在人际交往中,我们可以先主动给予对方帮助或支持,无论是工作上的协助,还是生活中的小帮助。帮助不为了图报,只是真心实意的付出,并不急于求得即时的回报,而是给予对方足够的空间和时间,让他们自然地感受到你的善意,从而心生感激。这样一来,在未来的某个时刻,当你需要帮助时,他们便会更加乐意伸出援手。

真诚关心,深化情感联系。在与他人交流时,积极倾听他们的想法和困扰,展示出你的关心和理解。这样做能够让对方感到被重视,从而产生对你的好感。在对方遇到困难或挫折时，主动表达关心和支持，你的一句问候、一份支持，都能让他们感受不一样的感觉，真诚的关怀会让对方更加珍视与你的关系。

合理期望，明确表达需求。当你需要帮助时，清晰、明确地表达你的需求，细腻而不失力度。用词要精准，语气要温和，让你的请求听起来既真诚又尊重。这样做能够让对方更清楚地了解你的期望，从而更有可能提供有效的支持。在表达需求时，保持尊重和礼貌的态度。不要让对方感到被强迫或利用，而是基于他们真诚自愿地提供帮助。

场景演练

场景一 同事间的互助

那天，石纯注意到同事肖盈坐在办公桌前，一脸愁容，显然是工作上遇到了烦心事。石纯放下手头的工作，主动走到肖盈身边，轻声问："肖盈，看你样子像是碰到了什么难处，是不是工作上有什么问题？"

肖盈叹了口气，说最近负责的项目数据出了状况，项目都停滞不前了。石纯听后，安慰道："别急，我之前也处理过类似的事，要不我帮你一起梳理下这些数据？"肖盈听了，眼中立刻有了光彩。

在石纯的协助下，肖盈很快解决了问题，项目也得以继续推进。肖盈对石纯感激不已。几天后，当石纯被一份棘手的报告难住时，他向肖盈求助，肖盈二话不说，立马帮忙。石纯的先前援助，在关键时刻得到了肖盈的回报。

行为解读：石纯的无私援助不仅解决了肖盈的燃眉之急，还在日后自己需要帮助时，得到了肖盈的毫不犹豫的支持。这种策略不仅加深了同事间的友谊，还让他在团队中掌握了更多的主动权。

场景二 与上司的互动

于立业的上司周部长素来以工作狂著称,但近期家庭琐事让他显得有些力不从心。于立业瞅准时机,在一次私聊中主动提出为周部长分担些工作。周部长听后,满是感激。

几个月后,公司宣布了一个晋升机会,出乎意料的是,周部长直接推荐了于立业。在推荐语里,他对于立业的专业水平、团队精神和工作态度大加赞赏。于立业的主动分担,不仅给周部长减了负,还让他觉得有些亏欠。所以在这关键时刻,他力挺于立业,这成了于立业职场生涯的重要转机。

行为解读:于立业敏锐捕捉到上司的困境,主动提出分担工作,为周部长提供了实际的帮助,这让于立业在之后的晋升机会中得到了周部长的坚定支持,成功掌握了职场上的主动权。

场景三 争取关键资源

公司里那台顶尖设备,对苏锡即将操刀的项目来说,简直就是命脉。可这宝贝一直被其他部门霸占着,要是直接伸手要,恐怕得吃闭门羹。苏锡脑筋一转,找到管设备的部门经理,热心肠地帮人家解决了一堆技术难题。这么一来二去,不仅秀了一把自己的专业肌肉,还跟经理处得挺热乎。

铺垫做足,苏锡才不经意地提起自己的项目和那设备的重要性。经理一听,想着苏锡之前的仗义相助,立马答应了设备借用,还承诺技术支持。

行为解读:苏锡在面对资源争夺时,没有直接硬碰硬,而是巧妙运用亏欠心理,先通过技术支持建立与部门经理的良好关系。这种策略不仅使他成功获得了所需设备,还得到了额外的技术支持。此举充分展示了苏锡的高情商和策略性思考,为项目的推进奠定了坚实基础。

场景四 弥补之前误会

之前，同事汪茗寒因为一个误会，在团队会议上误指了邹元，让邹元挺尴尬。事后汪茗寒挺过意不去的，总想找机会补偿。邹元感觉到了，就寻思着怎么巧妙地借这个机会做点什么。

最近，邹元手上有个重要任务，但挺繁琐的，得找个帮手。他找上汪茗寒，挺诚恳地跟他说了任务有多重要，多紧迫，也说了自己现在挺为难的。汪茗寒一听，马上就表示愿意搭把手，算是弥补之前的误会。就这么着，在汪茗寒的帮忙下，任务进行得挺顺利，他俩的关系也缓和了不少。

行为解读：邹元在同事汪茗寒因误会指责自己后，巧妙地利用这一机会，通过诚恳地沟通任务的重要性和自己的困境，使汪茗寒主动提出帮助。此举不仅推动了任务的顺利进行，还有效地改善了双方关系。

第四章 赚钱的门道

经济基础决定上层建筑。自古以来,人们对财富的渴望与追求从未停歇,而赚钱的门道,更是被无数人探索和研究。当你站在繁华的商业街头,看着熙熙攘攘的人群,你是否能够洞察到其中的商机?当你坐在电脑前,浏览着海量的市场信息,你是否能够准确地判断出未来的趋势?

我们如今身处一个信息爆炸、变化莫测的乌卡时代,市场的风云变幻让人目不暇接。市场的每一个波动,都可能是一次投资的良机。从股票的涨跌到房地产的冷暖,从科技的革新到消费的升级,每一次变化都蕴含着无限的商机。要学会在波诡云谲的市场中洞察先机,了解市场,就是了解我们的对手和盟友。

把握机会并不意味着盲目冒进。在追求利润的同时,还要学会控制成本和风险。通过精细化管理,降低运营成本,提高利润率,才能在激烈的市场竞争中立于不败之地。

不谋全局者,不足谋一域。任何投资都有风险,如何规避风险,实现资产的稳健增长呢?在投资的道路上,我们不能把所有的鸡蛋都放在一个篮子里。通过多元化投资,不仅可以降低单一资产的风险,还能在不同的市场环境下保持稳定的收益。

穷则变,变则通,通则久。仅仅依靠传统的投资方式,往往难以在竞争激烈的市场中脱颖而出。因此跳出固有的思维模式,寻找新的商机,不断创新，才能在商业的洪流中立于不败之地。

　　学如不及，犹恐失之。无论我们选择何种赚钱的门道，都需要不断学习，提升自己的商业素养。在快速变化的市场环境中，只有不断学习，才能紧跟时代的步伐，抓住每一个赚钱的良机。

　　当你手握重金，准备投身商业洪流时，你是否已经做好了充分的准备，迎接未来的挑战？

第一节 研究趋势，把握投资良机

网上一直流传着一句梗："站在风口上，猪都能飞。"在投资这个大江湖里，趋势就像水流，它带着资金往哪个方向跑，咱们就得跟着往哪个方向追。摸清趋势，就等于找到了财富的命脉，掌握了捞金的诀窍。但这年头，信息满天飞，可不是每个机会都能让你赚到钱。

那怎么揣摩这趋势，逮住那些真正能赚钱的机会呢？首先，你得把眼睛擦亮，瞅瞅市场上都在玩儿啥，哪个行业发展得火热，哪些新技术正在风头上。这些就是把握趋势的重中之重。然后呢，你得学会在那一大堆信息里淘金，找出有用的线索。比如说，消费者现在喜欢啥，政策有啥新动向，这些都可能藏着赚钱的好机会。

总的来说，揣摩趋势、逮住投资机会，就是赚钱的诀窍。要想在投资这片江湖里立足，就得紧跟潮流，敏锐地发现市场的变化。所以，咱们得用心去感受这市场的脉搏，用脑筋去挖掘那些隐藏在趋势里的赚钱机会！

细分领域——科技创业公司的腾飞

几年前，当"人工智能"这个词还未被大众所熟知时，赵辉就已经预见到了这一技术将带来的革命性变革。

赵辉偶然发现了一家初创的人工智能公司，他们专注于研发智能语音助手。这家公司虽然规模不大,名不见经传,资金状况也颇为紧张,但赵辉却从他们身上看到了无限的潜力和希望。

在与公司创始团队深入交流后,赵辉更加坚信了自己的判断,于是毫不犹豫地决定投资这家公司,成为了他们的早期投资者之一。

在初创期,公司的技术研发进展缓慢,市场反响也平平。赵辉深知,这样的困境对于一家创业公司来说是致命的。但他并没有因此而放弃,反而更加积极地参与到公司的运营中来。

他时常与团队成员沟通交流,鼓励他们坚持下去,共同克服困难。同时,赵辉也利用自己在业界的影响力,积极为公司寻找合作伙伴和资源整合的机会。

终于,在经过几年的艰苦努力后,随着人工智能技术的日益普及和成熟,这家公司研发的智能语音助手逐渐在市场上崭露头角。其强大的功能和极佳的用户体验赢得了消费者的广泛好评,迅速占领了市场份额。

赵辉的投资终于迎来了丰厚的回报。公司成功上市,股价节节攀升,他的股份价值也随之水涨船高,翻了几十倍。这一刻,赵辉深感自己的眼光和决策得到了最好的验证。他收获了巨大的经济利益,参与并见证了一个大企业的诞生和成长过程。

稳步增长——把握高端白酒市场趋势

几年前,高端白酒市场还处在相对沉寂的阶段,但周呈已经从行业的宏观发展趋势中,嗅到了一个潜力巨大的商机。他观察到,随着国内经济的稳步增长和人们消费水平的提升,消费者对高品质生活的渴望也日益凸显。而高端白酒,尤其是那些承载着精湛酿造技艺和优质原料的品牌,无疑将成为满足这一市场需求的重要力量。

周呈选中了一款当时市场上并不知名的高端白酒。他深入酒厂,在与酒厂负责人的深入交流中,他更加坚信这款白酒凭借其别具一格的口感和精湛的酿造工艺,必将在激烈的市场竞争中脱颖而出。

于是，周呈果断出手，成为了其坚定的投资者。果然，随着时间的推移，市场对高品质白酒的需求持续增长，而周呈投资的那款白酒也逐渐受到了消费者的热烈追捧。其销量和知名度均实现了显著提升，股票价格也随之水涨船高。周呈凭借对大趋势的精准把握和独特眼光，成功捕捉到了这一波市场红利，他的投资获得了丰厚的回报。

📓 干货笔记

研究市场，培养敏感度。 我们需要培养自己的投资"嗅觉"，也就是投资敏感度。多读读新闻、报告，多了解市场新动向，积累得多了，自然就有感觉了。当然还得实战。投点小钱试试水，看看成果咋样，然后一定要复盘为啥赚或为啥亏。这样，投资敏感度就慢慢上来了，机会一来，能快速出手。

深入调研，摸清市场。 很多人投资都是拍脑袋，想当然，而数据信息如果不重要，为什么那么多家大企业都在争相获取？为什么数据都卖得那么贵？如果我们无法获得昂贵的数据，发问卷、找人聊聊，或者自己亲自去观察，都是不错的办法。看看市场有多大，增长快不快，对手都有谁，顾客都喜欢什么。这样能更准确地判断哪儿有机会，哪儿是雷区，哪儿跟你想的不是一回事。

关注动态与政策。 投资时，得时刻关注行业的风吹草动。订点行业新闻，或者参加些行业聚会，都能听到些新鲜事儿。这些信息能帮咱及时调整策略，抓住好机会。政策也不能忽视。经济、产业、科技这些方面的政策，都可能影响到市场。所以，得密切关注政策变化，看看有没有新的机会或挑战。

分散投资，稳中求胜。 俗语说，不能把鸡蛋放在一个篮子里。分散投资可以降低风险。这样，就算某个地方出了问题，其他的还能撑着。而且市场总是在变，看看市场走势，自己能承受多大风险，然后适时地调整投资比例。这样才能让投资组合更稳健。

场景演练

场景一　家庭聚会

"最近股票市场怎么样啊？"马武在家庭聚会中随口问了一句。

孔一闻放下手中的筷子，若有所思地说："最近科技股可是风头正劲，尤其是那些跟人工智能搭边的。像大家都知道的一些行业巨头都在忙着布局。"

马武一听这话，立马来了精神，因为孔一闻可是科技圈大佬，便好奇地问："哦？那你觉得哪家公司最有潜力呢？"

孔一闻微微一笑，说："这个嘛，得下点功夫去研究。不过，就目前的趋势来看，那些手里握着核心技术、商业模式又靠谱的公司，肯定是值得关注的。"

马武听后点了点头，将孔一闻的话放在心上。之后便详细调研了一番，最后锁定了几家像实力不俗的公司作为备选。

行为解读：马武在家庭聚会中偶然听闻科技股尤其是人工智能领域的投资潜力后，展现出了敏锐的市场洞察力。他没有止步于表面的信息，而是积极采取行动，根据孔一闻的建议，深入调研并锁定了几家实力不俗的公司作为投资备选。这一行为体现了马武研究市场趋势，力求把握投资良机的策略。

场景二　办公室闲聊

"你听说了吗？最近新能源汽车行业可是风头正劲啊！"同事李娜一脸兴奋地凑过来说。高源点点头，回应道："没错，现在大家都提倡环保，新能源汽车自然是越来越受捧了。你看那些头部公司都在拼命发展新能源汽车，政府也在背后推波助澜，这市场以后肯定是大有可为啊。"

"那你觉得，咱们要不要投点新能源汽车的股票试试水呢？"李娜试探着问。

高源说:"市有风险,这事儿还是得先做足功课,好好调研一下市场,再评估评估风险。投资可不是闹着玩的,得小心驶得万年船啊。"

行为解读:高源对于新能源汽车行业的热议保持了冷静的头脑。他不仅认同了行业的发展趋势,更在考虑投资时表现出了审慎的态度。他强调市场调研和风险评估的重要性,这显示了他作为一个理性投资者的素养。高源的做法体现了对市场动态的敏锐洞察以及对投资行为的负责任态度。

场景三 咖啡馆偶遇

"嗨,好久不见!"在咖啡馆的角落,老同学张伟一眼就认出了董微,热情地打起招呼。董微笑着回应,并询问张伟的近况。张伟提到自己最近在研究区块链技术,感觉前景广阔。董微对这个新兴领域感到陌生,但好奇地请张伟简要介绍。

听完张伟的解说后,董微对区块链产生了兴趣。离开咖啡馆后,他决定深入研究,查阅了大量资料,观看了相关视频,还参加了线上课程。经过一番努力,他对区块链有了更深入的了解,并看到了其中的投资潜力。然而,他也发现区块链技术涉及的知识广泛且更新迅速,难以完全掌握。经过一番权衡,董微最终决定不投资区块链项目,尽管他对其充满了好奇和兴趣。

行为解读:当听到老同学提及区块链时,董微虽然一开始并不了解,但他展现出了强烈的好奇心和求知欲。他通过自主学习,逐渐获得了关于区块链的知识。在深入了解后,董微意识到自己无法完全掌握这个领域的所有知识,也无法准确判断其投资风险。因此,他决定不投资自己无法充分理解的项目,体现了他的谨慎和明智。

场景四 讲座学习投资

在投资讲座上,讲师陈磊正激情四溢地分析市场动态与潜在投资机会，提及 5G 普及、物联网技术成熟以及一些头部企业在智慧城市等领域的巨大潜力，言语间满是憧憬。

曾丽雯坐在台下，初时也被这些前沿领域的讨论所吸引，心生跃跃欲试之感。然而多年的投资经验让她深知冲动是投资的大忌。于是讲座间隙，她悄悄对陈磊的背景进行了调查，结果令她大吃一惊：陈磊并无深厚的专业背景，是个只会割韭菜的伪专家。

讲座一结束，曾丽雯便与身旁的朋友分享了自己的发现："这些新领域看似诱人，但咱们投资前必须得做好功课。我刚才查了查这位讲师的背景，发现他其实并不懂这些，只是个会炒作的割韭菜高手。咱们还是得保持清醒，别被他的花言巧语给骗了，及时止损才是王道。"

行为解读：曾丽雯在投资讲座上展现出了她谨慎且明智的一面。面对新兴领域的诱惑和陈磊的煽动性言论，她并没有盲目跟风，而是凭借多年的投资经验，及时对讲师的背景进行了调查，并发现了其真实面目。这种理性、不盲从的投资态度，不仅帮助她避免了潜在的损失，也再次证明了稳健投资的重要性。

第二节 精打细算，谋求最大利润

有人认为成本管控就是"小气"。这其实是个误解。精打细算要求我们审视每一项支出，分辨哪些是必要的，哪些是可以优化的。这就像是在繁杂的支出中找到节省的"金矿"。

省钱就是赚钱，每一分的节省，都是对利润的贡献。赚钱需要精心策划和严格执行的过程，贯穿过程的主线是开源节流。精打细算、做好成本管控，就是赚钱门道中的"节流"。你若忽略了它，利润就会从指尖溜走。

在经商赚钱的道路上，需要精打细算，节省开支。商家在采购原材料时要货比三家，要确保商品的质量，也要控制成本。这就是成本管控，既满足了经营需求，又实现了资源的有效节约。日常生活中，我们也能看到成本管控的影子。比如家庭主妇在菜市场精挑细选，比较不同摊位上的蔬菜、水果和肉类价格，选择性价比高的食材。

市场环境在变，成本策略也要随之调整。它要求我们既要"大方"地看待市场和机遇，又要"小气"地管理每一分成本，稳步前进。

量入为出，积万贯家财

明朝时期的沈万三起点并不高，他从一个默默无闻的布商逐步攀升至商业巅峰，成为一方巨富，成为一个财富代名词。

据传，有一次市场布料价格突然上涨，许多商家都急于跟风提价。但沈万三却冷静地分析了自家的库存情况和资金状况，决定暂时保持原价销售。这一决策不仅稳住了老客户，还吸引了大批新客户。而在库存消化到一定程度后，他才逐步提价，这样既保证了利润，又维护了市场稳定。

在商业运营中，沈万三展现出了极高的成本控制能力。他不仅在日常经营中精打细算，力求将每一笔开支都控制在最低限度，还善于在扩大经营规模或投资其他行业时，充分利用节省下来的资金，这使他在商业竞争中能够持续稳健地发展，成为一方巨富。

精打细算，守零售大亨欧洲业务

在欧洲零售界，施密特是德国一位中型零售连锁企业的创始人，他以勤俭持家、精打细算的经营理念,将一家小规模店铺发展成为横跨欧洲的零售巨头。

施密特在创业之初,就展现出了对成本的敏锐感知。在竞争激烈的零售行业中,每一分钱的节省都意味着利润的增加。因此他亲自参与采购谈判,与供应商讨价还价,确保以最低的价格获得高质量的商品。同时他还注重店铺运营的每一个细节,从货架的摆放到员工的排班,都力求实现效率的最大化。

在企业管理上,施密特同样秉持着勤俭的原则。他反对不必要的奢华开支,鼓励员工提出节约成本的创意和建议。在他的带动下,整个企业形成了一种注重实效、崇尚节约的文化氛围。这种氛围不仅降低了企业的运营成本,还增强了员工的归属感和责任感。

正是这种勤俭持家、精打细算的作风,让施密特在欧洲零售界取得了不俗的成绩,他的企业以稳健的经营和持续的增长赢得了市场的尊重。

挥霍无度,致商界大佬沦落破产

李昊曾是商界风生水起的人物,他凭借独到的商业眼光和果断的决策,一度成为行业内的佼佼者。

在李昊事业巅峰时期,他开始过上了挥霍无度的生活。他购买了数辆豪车,每辆都价值数百万。此外,他还在世界各地购买了多处豪宅,每处都装修得富丽堂皇,极尽奢华。他的生活也变得纸醉金迷,经常出入高档会所,一掷千金。

这种挥霍无度的生活方式很快就让他的财务状况出现了问题。由于他在投资上过于冒险,加之市场竞争日益激烈,他的公司开始出现亏损。而他本人又因为生活奢侈,花费巨大,导致资金链越来越紧张。

为了维持自己的奢华生活,李昊开始借债。起初,他还能通过拆东墙补西墙的方式勉强维持,但随着时间的推移,债务越积越多,利息也越滚越大。最终,他无法承受这巨大的经济压力,公司宣告破产。

李昊的破产在商界引起了轩然大波。许多人都为他的沦落感到惋惜，即使再成功的人，如果不懂得精打细算、量入为出，最终也会走向衰败。

📓 干货笔记

制定并执行预算。 做预算时，要想到公司运营的方方面面，比如买原材料、物流费、通讯费，还有市场推广等等。把每个月预计要花的钱都列出来，这样你就能对公司财务有个全面的了解。有了预算，你就能清楚地知道每个月收入和支出的情况，也能有意识地规划和控制公司的开销，避免不必要的浪费。每个月底花点时间回顾一下预算，看看哪些地方的支出超出了预期，哪些地方还能再省省钱。

进货时货比三家。 进货前好好做个市场调查，这可是省钱的关键。不管是进日常用品还是大件商品，都得比比不同品牌和供应商的价格和质量。现在网络这么发达，用网络资源查查价格信息可方便了。别一冲动就进货，或者懒得比价，那样容易多花冤枉钱。养成进货前货比三家的习惯，不仅能帮你买到性价比高的商品，长期下来还能省不少钱呢。

学会利用展会等组织。 在商业领域，为了吸引大客户和合作伙伴，许多供应商会在展会上提供特别优惠，或者通过结盟策略实现量大价低。作为一个精明的商家，你应密切关注行业内的展会信息，以及寻找结盟合作的机会。此外不少行业协会或商会也会提供会员专属的优惠和福利，合理利用这些资源能进一步降低进货成本，享受更多优惠福利。

培养节约的习惯和文化。 从关灯节电、减少用水到合理利用资源，看似微不足道，实则蕴含着巨大潜力。长期坚持这些节约习惯，能有效降低运营成本，这种节约的理念可以延伸到商业和赚钱过程中。在商业运营中，注重成本控制，减少不必要的开支，优化资源利用，同样能够实现显著的节约效果。同时将这种节约意识灌输给团队成员，培养团队整体的节约文化，将对企业的长期发展产生深远的影响。

场景演练

场景一 超市供应链管理

朱茉莉作为超市的采购经理,肩负着为超市精选商品并确保成本控制的重任。要想让超市盈利,每一分钱的开销都必须精打细算。她提前制定了详细的采购清单和预算,对每一项商品的预期价格都了如指掌。

在蔬菜供应商的竞标中,朱茉莉面对五花八门的报价和质量承诺,她冷静地对比各家的价格和质量,经过反复权衡,最终选择了性价比最高的供应商。

在肉类采购时,她注意到有一家供应商正在特价促销猪肉,但她并没有盲目跟风,而是迅速查看了超市的库存数据,发现猪肉的库存还很充足。故她坚守原计划,按照预算购买了适量的鸡肉。

行为解读：朱茉莉在超市供应链管理中展现出了极高的成本控制能力。她不仅提前制定了详细的采购计划和预算,还在采购过程中严格控制成本,不盲目跟风购买特价商品,而是根据实际情况和需求进行选择。这种精打细算的做法,既确保了超市商品的丰富性和质量,又成功地将采购成本控制在了预算之内,为超市的盈利奠定了坚实的基础。

场景二 企业能源管理

王松刚是某制造企业的能源管理负责人,他最近发现企业的电费开支持续攀升,这让他深感忧虑。为了降低电费开支,他仔细分析了企业的用电数据,发现生产线上的大型设备和办公区域的空调、照明等设备是主要的"电老虎"。

他开始着手优化用电管理,对于生产线上的大型设备,他与技术部门合作,对设备进行了节能改造,提高了设备的能效。他还制定了严格的设备使用规定,确保设备在不需要时能够及时关闭。

在办公区域,他推广了节能意识,鼓励员工养成随手关灯、合理使用空调等好习惯。刚开始一些员工还不太适应这些改变,但随着时间的推移,大家都逐渐养成了节约用电的好习惯。

行为解读：王松刚通过精细化的能源管理,成功降低了企业的电费开支。他不仅优化了用电设备的使用和管理,还培养了全体员工的节约意识。这种精打细算的做法不仅为企业节省了成本,还提高了企业的整体运营效率,真是一举两得。

场景三 库存优化与资产变现

周末苏安吉在公司进行了库存大清查,结果翻出了一些积压已久的库存商品,包括一些过季的旧款商品、少量轻微损坏的电器以及一些不再流行的装饰品。

他瞅着这些库存,想着可以通过二手市场变现。他拿起手机,认真地给每件物品拍了照,并详细记录了它们的状态和规格,然后上传到了专业的 B2B 二手交易平台上。为了让这些库存更吸引人,他还特地写下了详细的商品描述,并标了一个具有竞争力的价格。

没过几天,苏安吉就高兴地发现,这些库存物品竟然都陆续被买家看中。不仅让这些积压的商品得到了重新利用的机会,还为公司意外地回收了一笔资金,同时也释放了仓库空间,降低了存储成本。

行为解读：苏安吉在处理公司库存时,没有选择让它们继续积压,而是想到了通过二手市场变现。这种做法不仅节约了公司的仓储成本,还为公司带来了一定的经济收益,真正做到了物尽其用,实现了商业运营中的成本控制和资产优化。

场景四 企业理财与成本控制

最近林梦宇决定系统地钻研企业理财的门道,并为公司制定一个长远的财务规划。他开始埋头苦读各类企业理财书籍,网上搜寻专业资料,甚至还报名参加了针对企业家的线上理财课程。

随着知识的积累，林梦宇对企业理财的各种策略和工具了解得越来越透彻。他明白，要想让企业赚钱，得精打细算，严格控制成本。于是他根据公司的实际情况和风险承受能力，精心挑选了适合的理财产品进行投资，并制定了严格的成本控制措施。经过一段时间的实践和摸索，公司的财务状况开始稳步改善了。

行为解读：林梦宇在企业理财和成本控制方面展现出了极高的悟性和实践能力。他不满足于表面的了解，而是深入学习、精心规划，根据公司的实际情况做出明智的财务决策。他的赚钱之道在于不断学习和适应市场，通过精细化的财务管理和控制成本，谋求企业稳健而持续的收益增长。

第三节 多元投资，分散风险增收

无论市场如何变化，你都能稳坐钓鱼台，笑看风云，有一个重要的原则就是"多元投资"。多元投资，就像是农民在田地里种植多种作物。如果今年某种作物因为天气或其他原因减产，其他的作物还能带来收益，从而保证整体的收成。投资市场如战场，风云变幻，难以预测。但如果我们将资金分散投入到不同的领域，那么即使某个领域出现波动，也不会影响到我们的整体收益。

巴菲特的投资公司闻名于其多元化的投资组合。该公司不仅投资于金融行业，还广泛投资于消费品、能源、科技等多个行业。这种多元化策略使得公司能够在不同市场环境下，都有稳定的收益来源。我们在投资时，也应该学会在不同的领域、不同的资产类别中寻找机会。

有人可能会说："我哪有那么多资金去投资多个领域？"其实，多元投资并不一定要大额资金。你可以从小额开始，逐步分散。关键是要有这个意识和策略。投资不是赌博，而是需要长期的规划和策略。多元投资就是这样一个简单实用的策略。

股市新人的单一投资失误

年轻投资者高华心中充满了对股市的憧憬。他偶然遇到了一位自称"股市大神"的人物，那人滔滔不绝地讲述着股市的奥秘与机会，令高华心动不已。

受到这位大神的影响，高华决定放手一搏，将自己手头的全部资金都投入了一只备受瞩目的科技股。那是一只被市场热炒的股票，每天都在创造着新的高点，似乎预示着无尽的财富与机会。

起初，那只科技股的股价节节攀升，他的账户里的数字也在不断增长。他心中充满了对未来的美好憧憬，仿佛看到了自己站在财富的巅峰，享受着成功带来的荣耀与自豪。

市场的变化总是出人意料。就在高华沉浸在胜利的喜悦中时，风向突然转变。那只曾经一路飙升的科技股开始出现了暴跌，每一天都在创造新的低点。面对这种情况，高华并没有选择及时止损，而是坚信股价会再次回升。

但市场的残酷远超他的想象。股价并没有如他所愿地回升，反而是一路下滑。每一天，他都在焦虑与期待中度过，希望能出现转机，但转机没有出现，最终他不得不面对巨大的损失。

这次投资失败对高华来说是一个沉重的打击。他意识到将全部资金投入到单一股票中的风险是巨大的，一旦市场发生波动就可能面临毁灭性的损失。

商业精英的跨领域投资保值

陈峰是个眼光独到的投资者，他总是能发现哪些行业有赚大钱的机会。经过多年观察，他发现随着大家生活越来越好，健康和旅游这两个行业特别火，前景广阔。

他决定试试水，把资金分到这两个行业里。在健康产业，他投了一家做健康食品和保健品的公司，这家公司后来因为产品好、市场需求大，赚了不少钱，陈峰也跟着赚了一笔。

但是在旅游产业的投资就没那么顺利了。他选了一家做高端旅游定制的公司合作，结果因为全球经济形势变化和旅游行业竞争激烈，这家公司没赚到什么钱，陈峰的投资也打了水漂。

虽然失败了一次，但陈峰并没灰心。他知道投资总是有风险，关键是要在大势不好的时候也能稳住。在经济下滑的时候，他赶紧调整了投资组合和策略，最后总算没亏钱。

这次经历让陈峰更明白多元投资的重要性，但也让他知道要对每个投资领域都仔细研究。朋友们都来找他取经，想学学怎么在市场变化中稳住脚跟。

📓 干货笔记

股票与债券合理配置。股票收益潜力大，波动性较大，风险较高；债券收益稳定，风险较小。可采用固定比例法设定股票和债券的比例，如"二八策略"或"五五平衡策略"。若你长期投资且对收益有较高期望，那以配置股票为主。同时要根据市场环境的变化，动态调整这一比例，如在市场波动较大时增加债券比例，在经济向好时增加股票比例。

金融市场相互博弈。博弈就是人们或组织在做决策时，他们的选择会相互影响，要如何做出决策，最后达到一种什么样的平衡状态。股市信息复杂多变且不对称，投资者得尽量多搜集准确信息，并妥善处理，才能做出明智决策。选策略时，得考虑自己的风险承受能力和投资目标，市场一变，策略也得灵活调整。炒股时心里容易七上八下的，投资者得保持冷静理性，才能应对好市场的挑战和机遇。

定期定额投资基金。对于没有太多时间和精力关注市场动态的投资者来说，定期定额投资基金是一个不错的选择。基金由专业的基金经理管理，他们会根据市场情况灵活调整投资组合，以追求最佳收益。同时，基金通常会分散投资于多个股票或债券，这进一步降低了单一资产的风险。通过定期定额投资，你不仅可以分摊市场波动的风险，还能在长期持有过程中享受到复利效应带来的收益增长。

适当投资非金融产业。相比于金融市场的波动性，非金融市场通常表现出更为稳定的特点。如购买房产并出租或长期持有，可以为你提供稳定的租金收入或资产增值潜力。需要注意的是，房地产投资通常具有较高的资金投入和较低的流动性，因此并不适合作为短期投机工具。在进行房地产投资时，你需要充分考虑自身的资金状况和长期规划。

场景演练

场景一 初尝多元投资

巫广元之前对投资的态度一直是保守的，习惯把钱稳稳地放在银行。某天在浏览财经新闻时，他偶然发现了多元投资的理念，这为他打开了一个全新的视角。

自此巫广元系统地钻研股票、基金、债券等投资知识，经过深入研究，他决定采用一种策略，将资金三等分进行配置。一部分投入股市，选择基本面稳健的公司股票；另一部分购买市场表现出色的基金，借助专业基金经理的力量降低风险；最后一部分投向稳定的国债。

随着时间的推移，巫广元逐渐体会到了多元投资的好处。当股市波动时，基金的稳健和国债的固定回报成了他的坚强后盾。一年后，统计收益时，他惊喜地发现总收益已远超银行存款利率。

行为解读： 巫广元通过学习和实践，成功地从保守的存款者转变为多元投资者。他聪明地将资金分散到股票、基金和国债中，这种分散投资的策略不仅降低了风险，还显著提高了收益。

场景二 房产投资的尝试

身为金融市场投资老手的盛鸿飞，想要从房地产市场找寻新的投资机会。他仔细钻研了多个城市的发展潜力和房价走势，最终目光锁定了一个正处于快速发展阶段的新兴城市。这座城市各项基础设施正如火如荼地建设，房价也显示出稳定上涨的态势。

盛鸿飞选中了一处位于市中心、交通极为便利且生活配套设施齐全的优质楼盘，购入了一套小户型的房产。尽管这次投资占用了他相当一部分资金，且房产的变现能力相较于金融产品有所不足，但他坚信城市的发展将带动房价进一步攀升。几年后，随着该城市经济的迅猛发展和城市化进程的加速，盛鸿飞的投资为他带来了显著的回报。

行为解读： 盛鸿飞通过深入的市场分析与实地考察，精准地把握了房地产市场的投资机会。他在金融市场投资之外，选择了具有巨大发展潜力的新兴城市和优质楼盘进行多元投资。虽然房地产投资资金占用大、流动性相对较差，但盛鸿飞凭借长远的眼光和坚定的信心，最终获得了丰厚的回报。

场景三 跨境电商的投资

身处网络时代，方芳敏锐地察觉到了电子商务蕴含的无限商机。在众多电商平台中，她精心挑选了一家专注于将国内高品质商品销往国外的跨境电商平台进行投资。

这家平台凭借其独树一帜的商业模式和快捷高效的物流系统，吸引了大批海外消费者。平台的迅速成长和市值的不断攀升，使得方芳手中的股份价值也随之大幅增长。但对她而言，更重要的收获是通过这次投资，她对电子商务行业有了更为深刻的理解和认知。这一明智之举，不仅为她的投资组合增添了新的增长点，也为她未来的投资之路奠定了坚实的基础。

行为解读： 方芳选择投资专注于海外市场的跨境电商平台，不仅获得了可观的经济回报，还拓宽了自己的行业视野。通过将资金投向具有发展潜力的新兴行业，方芳有效地分散了投资风险，同时增加了收益来源。

场景四 艺术投资的探索

林劭烨的投资版图涵盖金融、地产等领域，但艺术品投资对他来说是个陌生的领域。某次聚会大家在闲聊中谈到了艺术品市场的潜力和投资价值，这让他对艺术品投资产生了浓厚的兴趣。

之后，林劭烨开始主动参与各种艺术品展览和拍卖会。他不仅是去欣赏，更是在学习和积累。每一次的参观和交易，都让他对艺术品鉴赏有了更深的了解。终于，在一次拍卖会上，他看准时机，以合理的价格拍下了一幅当代知名艺术家的画作。

几年后，这位艺术家的声名远扬，其作品受到了市场的热烈追捧。林劭烨手中的那幅画作，价值自然也是水涨船高，成了他投资组合中的大赢家。

行为解读： 林劭烨不局限于传统的投资方式，更敢于涉足自己原本并不熟悉的艺术品领域。通过学习和实践，他成功地将艺术品投资纳入自己的投资组合，有效地分散了投资风险，并获得了可观的收益。这种勇于尝试、不断学习的态度，是每位多元投资者都应该学习的。

第四节 思维创新，广开生财之道

你站在一座巨大的迷宫前，迷宫中隐藏着无数的宝藏，但路径错综复杂，如何找到那些宝藏呢？在这座迷宫中，传统的方式或许能让你找到一些常规的宝藏，但真正的财富，往往隐藏在那些不为人知的角落。

比如将科技与平平无奇的日用品巧妙结合，创造出一款全新的智能家居设备。又或者利用自己的手绘特长，在网络上开设一门手绘课程。再比如，观察到人们在忙碌生活中常常忽略健康饮食，开发一款智能饮食管理应用，帮助用户轻松规划营养均衡的餐食；还可以，留意到城市中的共享空间利用率不高，设计一个多功能共享平台，让闲置资源得到有效利用，同时为社区创造更多价值。

创新的关键在于发现并解决那些未被充分满足的需求。它不仅仅局限于技术或产品的革新，更在于思维模式的转变。创新并不需要你创造一个伟大的商业蓝图，只要能在现有的基础上，多往前想一步，解决消费者的问题和困难，就一定能在市场上立足。

迷宫虽大，但每一步探索都是向着宝藏迈进的宝贵一步。在探索过程中，你会发现最大的宝藏不只是物质的收获，更重要的是那份通过创新为世界带来正面影响的成就感。

特色小吃摊的创新生财之道

孙浩过着和大多数人一样朝九晚五的生活。每天重复的工作内容，固定的薪水，让他感到生活的单调与乏味，内心深处总觉得这样的日子似乎缺少了些什么。他渴望有所改变，渴望找到一种能够挑战自己、证明自我价值的方式。

某天晚上，孙浩独自在夜市中漫步，周围熙熙攘攘的人群和五光十色的摊位让他感受到了生活的热闹与多彩。一家家小吃摊前，人们排起了长队，等待品尝那些色香味俱全的美食。这一刻，孙浩突然意识到，或许他也可以从中找到一些赚钱机会。

于是，孙浩开始动手尝试制作各种小吃，他买了食材和烹饪工具，利用业余时间不断摸索和创新。他回忆起小时候母亲为他做的那些美味小吃，结合自己对美食的独特理解，开始了一次次的试验。失败、调整、再尝试，终于，他开发出了一款独家特色小吃——香辣蟹肉饼。这款小吃不仅结合了传统的饼类制作技艺，还融入了他自己特制的香辣酱料。为了在众多小吃摊中脱颖而出，孙浩不仅在小吃的口味上下功夫，还非常注重营造舒适的就餐环境。

他在小吃摊的布置上也颇费心思，周围环绕着绿植和鲜花，为繁忙的夜市增添了一抹清新。摊位上安装了柔和的灯光，还播放着舒缓的音乐，让顾客在品尝美食的同时，也能在喧嚣中找到一片宁静之地。

很快，孙浩的小吃摊在夜市中声名鹊起。人们口口相传，纷纷前来品尝他的香辣蟹肉饼。随着生意的不断扩大，孙浩开始考虑开设更多的摊位，甚至计划将这一特色小吃推广到更多的城市。

福特流水线创新的野蛮生长

在20世纪初的美国，工业革命的浪潮席卷而来，各个行业都在寻求更高效、更经济的生产方式。汽车工业作为当时的新兴产业，正处于蓬勃发展的起步阶段。在这个时代背景下，福特敏锐地捕捉到了大规模生产汽车的巨大潜力。

在一次偶然的机会中，他观察到肉类加工厂的生产线作业方式，工人们站在固定的位置上进行重复的加工操作，这给了他灵感。于是，福特大胆地将这种流水线生产方式引入到汽车制造中，重新设计了整个生产流程，通过精细的分工，每个工人只需要专注于一个特定的环节，如安装轮胎、涂漆或是组装发动机。这种高效的协作方式，极大地提高了生产效率。

流水线生产方式的引入，使得福特汽车的生产成本大幅降低，同时生产周期也大大缩短。这一创新举措让汽车这一曾经的奢侈品，逐渐变成了普通家庭也能负担得起的交通工具。福特T型车的成功，就是这一创新成果的最好证明。它的价格亲民，性能稳定，迅速占领了市场，成为了家喻户晓的经典车型。

福特的创新不仅让他的公司迅速崛起，成为了当时全球最大的汽车制造商之一，他的流水线生产方式推动了工业革命的发展。这种生产方式被广泛应用于其他制造业领域，为现代制造业的高效、规模化生产奠定了基础。

智能家居技术的创新研发

张涛一直对智能家居技术充满兴趣。他观察到，随着人们生活水平的提高，对于家居生活的舒适性和便捷性要求也越来越高。在经过深入的市场调研和技术研究，张涛发现市场上的智能家居系统大多操作复杂，用户体验不佳。他意识到，如果能够开发一款简单易用、兼容性强、同时价格适中的智能家居系统，必将受到消费者的欢迎。

说干就干，张涛利用业余时间，开始着手研发这款智能家居系统。他结合人工智能和物联网技术，设计了一款可以通过手机APP远程操控家中各种设备的系统。用户只需在手机上轻轻一点，就能控制家里的灯光、空调、窗帘等设备。经过几个月的辛勤努力,张涛的智能家居系统终于研发成功。由于产品定位准确,价格适中,且操作简便,很快就受到了消费者的喜爱。

随着市场需求的不断增长,张涛决定辞去原有的工作,全心全意投入到新产品的研发与推广中。他与几家知名的智能家居设备制造商达成了合作,将智能控制系统预装在这些制造商的设备上,从而进一步扩大了市场份额。

如今,张涛的智能控制系统已经成为了智能家居市场上的明星产品,为张涛带来了丰厚的收益。他的创新思维和敏锐的市场洞察力,让他从一个普通的软件工程师,成功转型为一名成功的企业家。

干货笔记

保持好奇和热情。保持对周围世界的好奇心。多问"为什么",深入挖掘背后的原因和逻辑。对未知保持一种探究和渴望的态度,这样我们的思维才能持续活跃,不断碰撞出新的火花。同时,不断学习新知识,拓宽视野。通过阅读各类书籍、实地参加专业讲座、或者利用便捷的在线课程,我们都可以汲取到新的知识和观点。

多角度思考问题。创新往往来源于对问题的多角度思考。遇到问题时,不要急于得出结论,而是尝试从不同的角度、不同的层面去分析。比如,你可以思考:这个问题在历史上有没有类似的案例?如果从用户的角度出发,他们会怎么看待这个问题?多角度思考有助于发现新的问题解决方案,进而开辟新的财富增长路径。

勇于尝试与实践。不要害怕失败,勇于将自己的想法付诸实践。可以从小项目开始做起,逐步积累经验。实践过程中,你可能会遇到各种问题和挑战,但正是这些经历能够帮助你不断完善自己的创新思维,并找到切实可行的财富增长方式。

建立跨界的思维。建立跨界思维,将不同领域的知识和技能进行融合。比如，你可以尝试将互联网技术与传统产业相结合，创造出新的产品或服务。跨界思维能够帮助你发现别人看不到的机会，从而在竞争中脱颖而出。跨界的资源整合，更能帮助你从多方面发力，解决实际问题。

场景演练

场景一 闲置物品的再利用

家中堆积了不少旧衣物和旧家具，谢伟厉每次看到这些闲置物品占据了那么多空间，他就觉得无比头疼。某天他在闲逛网络时，偶然看到有人分享二手物品交易的心得，他心中灵光一闪：闲置的东西或许能变成现金呢！

谢伟厉精心挑选出几件还有七八成新的衣物和几件复古风的家具。他认真拍照，详细写下物品描述，然后上传到二手交易平台。没想到他的物品受到了大家的热烈欢迎，特别是那些复古家具，竟然引来了收藏家的关注。

更绝的是，谢伟厉还提供了衣物改造服务，比如将旧T恤巧妙地改造成时尚的手袋。这一创新服务，不仅让他小赚了一笔，还让他在交易过程中结识了不少有趣的人，生活也因此变得多姿多彩。

行为解读：谢伟厉通过二手交易平台，将家中的闲置物品变现，这一行为充分展示了他的创新思维和广开生财之道的智慧。他不仅能够识别并抓住市场机会，还通过提供附加服务，如衣物改造，进一步增加了收入。

场景二 社交媒体的商业运用

华秋花原本只是一名普通白领，但她一直梦想着成为社交媒体达人。她给自己起了一个好听可爱又好记的名字"秋秋"，在各大平台积极分享自己的穿搭、美妆和旅行心得，逐渐积累了不少粉丝。一家知名时尚品牌找到了她，希望能借助他的影响力推广新款服装。这一刻，华秋花意识到，自己在社交媒体上的影响力已经可以转化为商业价值了。

为了更上一层楼，华秋花还策划了各种吸睛活动，进一步提升了自己的知名度，与多家品牌展开了深度合作，同时还开设了自己的网店。利用自己在社交媒体上的影响力，成功地将流量转化为了销量，网店的生意也是越来越红火。

行为解读： 华秋花敏锐地捕捉到了市场机会，通过提供时尚评分服务和策划活动，吸引了更多关注，成功地将自己的社交媒体影响力转化为了商业价值。开设网店则是她广开生财之道的又一妙招，既满足了粉丝的需求，也为自己带来了可观的收益。

场景三 技能变现的新途径

程丹丹热爱摄影，业余时间总喜欢带着相机捕捉生活中的美好。某天她在社交媒体上偶然看到有人出售自己的摄影作品，还收获了一大波好评。这一下子点亮了她的热情：我也可以试试呀！

程丹丹精心挑选了自己的一些得意作品，放到网上去销售，同时她还提供了个性化的拍摄服务。没过多久，就有一对情侣找上门来，希望她能帮他们拍摄一组情侣照。这可把程丹丹高兴坏了，她立马投入到拍摄的准备中去。

不仅如此，程丹丹还努力在服务上创新。她针对不同类型的客户，提供了定制化的服务，比如为家庭拍摄全家福，为企业拍摄宣传照等。更厉害的是，她还开始尝试制作并分享一些摄影构图技巧的教程，受到了很多初学者的欢迎。

行为解读： 程丹丹不仅将自己的爱好转化为了收入来源，还通过提供个性化和定制化的服务以及分享教程，进一步拓宽了市场。这种勇于尝试和不断创新的精神，不仅让她的摄影技能得到市场认可，也为她开辟了一条新的生财之道。

第五节 掌握要领，财富知识日新

赚钱的门道千千万，但万变不离其宗，那就是知识和智慧，而这两者的获取都离不开持续学习。没有足够的知识储备，盲目跟风投资，很可能会陷入困境。财务知识就像是探险者的指南针，持续学习就是不断磨砺和校准这个指南针的过程。不管是阅读财经书籍，还是参加财务培训课程，或者是在网络上搜寻专业的财经分析，都是提升我们财务知识水平的有效途径。

昨天的热门投资，可能转眼就变成明日黄花。拥有扎实的财务知识，能使你洞察市场趋势，理性分析投资机会，避免被一时的热潮或恐慌所左右。

有人可能会说："我又不是专业的投资者，学那么多财务知识干嘛？"其实，财务知识能帮助你更好地理解这个世界的经济运行规则，让你在消费、储蓄、投资等各个方面都更加明智。

不要将财富知识局限于"投资者"的身份之中。它更像一把钥匙，能够开启更广阔视野的大门，让你在复杂多变的世界中更加游刃有余。因为财富不仅仅关乎金钱的积累，通过学习，你学会了规划，学会了耐心，学会了在不确定中寻找确定性。这种智慧能够帮助你在生活的各个方面做出更加明智的选择，无论是职业发展、家庭规划，还是个人成长，都能受益匪浅。

当你持续不断地投资自己的大脑，你会发现，那些看似遥远的财富之门，其实已经悄然为你敞开。

学习理财，股市收获颇丰

每当夜幕降临，王梓总是坐在书桌前，翻开一本本厚重的财务书籍。他从最基础的储蓄方法开始学起，逐步深入到复杂的投资策略。每一个概念，每一个公式，他都仔细推敲，直至烂熟于心。

王梓将自己的一部分积蓄小心翼翼地投入到了股票市场中。他并没有急于追求高收益，而是观察着市场的每一个细微变化。通过理论和实践的结合，他学会了如何解读公司的财务报表，如何分析行业的未来趋势。

机会总是给有准备的人。有一次，王梓在浏览市场数据时，敏锐地发现了一家科技公司的股票被市场低估了。他的直觉告诉他，这是一个不容错过的机会。于是，他仔细研读了该公司的年报，了解了其业务模式、市场前景以及竞争优势。经过一番周密的考量，他确信这家公司有着巨大的发展潜力。

果断地，王梓买入了这只被低估的股票，很快就得到了市场的验证。随着科技行业的风起云涌，该公司的股票价格节节攀升，王梓的投资在短短时间内就获得了令人瞩目的回报。

领导进修财务，实现稳健发展

对于一个企业而言，财务是命脉，是决策的基础。为了更好地把握公司的经济动脉，陈璐下定决心系统地进修财务知识。她不仅报名参加了高级的财务管理课程，还经常在业余时间阅读财务、经济类书籍，努力吸收新知识。

在进修的过程中，陈璐有了新的发现。原来，公司的财务管理存在一些不容忽视的问题，比如资金周转效率不高、成本控制不够精细、税务筹划缺乏前瞻性等。这些问题虽然平时不易察觉，但长期累积下来，对公司的发展无疑是一个巨大的隐患。

有了这些认识，陈璐开始着手改革。她运用所学的财务知识，对公司的财务体系进行了大刀阔斧的优化。首先，她加强了资金周转的管理，通过优化供应链、提高应收账款的回收速度等措施，显著提升了资金的使用效率。其次，她对成本控制进行了精细化操作，从原材料采购到生产流程，再到销售环节，每一环节都力求达到成本最优。最后，在税务筹划方面，她也进行了合理的规划，既保证了公司合法合规经营，又有效地减轻了税务负担。

经过不懈努力，陈璐的公司焕然一新。不仅业绩上取得了前所未有的突破，更重要的是，公司的财务状况得到了根本性的改善，实现了稳健而持续的发展。

听信内幕消息，陷入亏损困境

刘晓身边总是围绕着一些自称"投资高手"的朋友，他们乐于分享自己的"内幕消息"和"独家秘诀"。刘晓往往被这些看似高明的建议所吸引，轻易地做出了投资决策。有一次，他听信了一个朋友关于某初创企业即将迎来重大突破的"内幕消息"，将手头的大部分资金都投入了这家被吹捧得天花乱坠的公司。

起初，该公司的股票价格确实经历了一段时间的上涨。他沉浸在即将获得巨额回报的幻想中。好景不长，初创企业的业绩远未达到市场预期，其股票价格开始急剧下滑。

面对日益扩大的亏损，刘晓并未冷静分析，而是更加听信周围人的建议，选择了加仓以降低平均成本。他以为这样能够迅速挽回损失，却未曾料到市场变化莫测，加仓反而使他的亏损如滚雪球般越滚越大。

当亏损到了一个无法承受的地步，刘晓终于意识到，自己因为盲目听信他人，没有自主的学习和思考，已经吃了大亏。原来投资不是简单的买卖行为，而需要深厚的财务知识、敏锐的市场洞察力和理性的判断力。

📔 干货笔记

定期阅读财经书籍和杂志。 财经书籍能够让你从基础知识入手，逐步深入了解复杂的财务策略。刚开始可能会有些吃力，但随着时间的推移，你会发现这些知识越来越容易理解。同时，别忘了时常翻阅财经杂志和关注财经新闻，这样你就能紧跟市场动态，了解最新的经济政策。掌握了这些信息，你就能更好地把握大局，做出更为明智的财务决策。

参加线上或线下财务课程。 课程能帮你系统地梳理财务知识，避免你走弯路。线上课程的好处是随时随地都能学，不耽误你日常工作和生活；而线下课程则能给你带来更多的互动和实践机会，让你在实际操作中加深理解。不过，要确保课程内容符合你的学习目标，这样才能让你的学习更加高效。

实践是检验真理的唯一标准。 将所学的知识运用到实际生活中去，比如试着制定一份个人预算，或者小试牛刀进行些投资尝试。你会发现，那些原本抽象的财务知识突然变得生动起来，你也能更深刻地理解它们的实用性。而且，通过实践，你还能找出自己的不足之处，然后更有针对性地去学习，这不是一举两得吗？

定期向财务专业人士请教。 财务专业人士可是前沿财务理念和实战经验的宝库，你可以定期参加些财务相关的研讨会、讲座等活动，或者加入些财务交流的社群，和同行们分享你的心得，探讨遇到的问题，让视野更开阔。

🎬 场景演练

场景一 初识理财

虽经常听到"理财"这个词，但伍英霖总感觉它与自己无缘。直到有一天，伍英霖在办公室听到同事们热烈讨论着股票、基金等投资产品的收益。看着同事们兴奋地分享理财心得，伍英霖突然觉得自己似乎被时代抛在了后面。

这一刻，伍英霖下定决心要迎头赶上，开始了解理财知识。他利用工作之余，从图书馆借来大量理财书籍，准备开始系统地学习。起初，复杂的金融术语让他感到困惑，但伍英霖并未退缩。他一字一句地仔细研读，认真做笔记，遇到不懂的就向懂行的朋友请教。渐渐地，他对理财有了初步的认识，也激发了他对理财的浓厚兴趣。

行为解读：伍英霖在意识到自己在理财知识上的不足后，主动采取行动，借阅书籍进行系统学习。面对难以理解的金融知识，他展现出极大的耐心和毅力，通过研读、做笔记和寻求帮助，逐渐建立了对理财的初步理解，并培养起了浓厚的兴趣。

场景二 小试牛刀

经过一段时间的学习和摸索，伍英霖觉得自己对理财已经有了基础的认识。他决定跨出实践的第一步，拿出了一小部分资金，买入了朋友们都看好的一只股票。本以为能迎来开门红，却没想到市场给了他一个不小的打击——股票价格并未如预期般上涨，反而跌了。

面对这种情况，伍英霖心里五味杂陈，有些焦虑，甚至开始怀疑自己的选择。但在这个重要的转折点，他回想起自己当初决定学习理财的初衷，心态逐渐平稳下来。他开始更加冷静地审视市场动态，不再盲目跟风，而是学会用自己的头脑去分析、判断。伍英霖正慢慢掌握理财的要领：不断学习、谨慎决策，并随时准备应对市场的变化。

行为解读：伍英霖在遇到投资挫折时，虽然初感焦虑，但他很快调整心态，回归理性。这一转变显示了他对理财的认真态度和自我调整能力。他不仅从失败中汲取教训，还开始更加深入地研究市场动态，积极为未来的投资决策做准备。这种不断学习、持续进步的精神,正是理财道路上不可或缺的品质。

场景三 稳扎稳打

经历了初次投资的波折后,伍英霖变得更加谨慎和明智。他开始潜心研究各类投资产品,从股票、基金到债券,他都一一深入了解。伍英霖不再盲目跟随市场的热点,而是根据自己的实际情况,包括风险承受能力和投资期望,来精心制定自己的投资策略。

同时,他也开始密切关注宏观经济的大环境和政策动向,希望通过这些信息来更好地捕捉市场的脉搏。他养成了定期检查自己投资组合的习惯,会根据市场的风吹草动进行适时的调整。虽然他的投资收益没有一夜暴富那么惊人,但却在稳步上升,这给了他极大的信心和动力。

在这个过程中,伍英霖还有幸结识了一些金融界的专家。这些专家的宝贵建议和经验分享,对他的投资之路起到了不小的助力,使他的投资旅程走得更加顺畅。

行为解读: 伍英霖在初次投资失利后,展现出了冷静和理智。他通过深入研究、制定个性化策略、关注宏观经济以及定期调整投资组合,展现了对投资的认真态度和专业技能的提升。与专家的交流更显示了他开放学习的心态。

场景四 成为达人

经过多年的摸爬滚打,伍英霖已然成为了身边人心目中的理财高手。他的投资策略既稳妥又赚钱,这让越来越多的人慕名而来,希望从他这里取得理财的真经。伍英霖不仅在个人财务上取得了显著的成功,更开始投身于理财知识的普及工作。

他活跃在各大社交媒体平台上,大方地分享自己的投资心得和对市场的独到见解,助力更多人认识到理财的重要性,并教会他们一些基础的投资方法。同时,伍英霖的投资触角也延伸到了更多元化的领域。随着财富的不断累积,他的自信和从容也与日俱增。

行为解读:伍英霖通过多年的实践和学习,不仅实现了个人财富的增值,更难能可贵的是,他愿意将自己的知识和经验分享给更多人。这种开放和共享的精神,不仅提升了他的社会影响力,也帮助更多人走上了理财的正轨。他的成功充分说明了持续学习和实践的重要性,也展现了他对财务知识不断更新的追求。

第五章 创业的门道

"那一天,我不得已上路,为不安分的心,为自尊的生存,为自我的证明。"《赢在中国》主题曲《在路上》,不知有多少创业者曾在艰难的深夜用这歌词与旋律鼓励自己,无论是坚持还是放弃。

目标是我们前进的方向,计划则是我们实现目标的路线图。没有明确的目标和计划,创业之路便会变得迷茫而无从下手。

单丝不成线,独木不成林。我们需要招募志同道合的英才,共同携手前行。一个优秀的团队,能够集思广益,共同解决问题,让创业之路变得更加顺畅。因此,我们要学会识人用人,将那些有才华、有激情的人才聚集在一起,共同为梦想而奋斗。

市场是检验产品成功与否的试金石,只有符合市场需求的产品,才能在激烈的市场竞争中脱颖而出。因此,我们要密切关注市场动态,不断调整和优化产品,以满足消费者的需求。

古人云:"兵无常势,水无常形。"创业之路亦是充满了变数。在创业过程中,我们需要灵活调整策略,随机应变。当遇到困难和挑战时,我们要学会变通,寻找新的突破口,以化解困境。这是创业者必备的素质之一。

私域流量正成为创业新宠,它代表属于自己的、可自由掌控的流量资源,如微信好友、社群等。相较于公域流量,私域流量更稳定、成本更低,且能反复利用,是实现长期变现的宝贵资源。聚焦私域变现需转变思维，注重长期客户关系管理，通过精细化运营和持续创新实现有效变现。

不要指望别人能替你体验生活，该吃的苦就要自己来吃，该有的经历都要一一历练。在这条道路，创业者会遭遇风雨，或许会面临困境，但一个真正的企业家，必须在市场经济的大潮中摸爬滚打，在风雨的锤炼中成长。

大众创业，万众创新，是富国之道、强国之举。今日之创业者，便是这个时代的英雄，他们以梦想为马，不畏艰难，勇往直前。

第一节 明确目标，计划切实可行

在创业的旅途中，会遇到各种诱惑和挑战，没有目标，创业者就会像无头苍蝇一样乱撞，最终可能一事无成。一个明确的目标有助于创业者在面临选择时，保持清醒的头脑，不迷失方向。制定可行的商业计划是实现目标的关键，商业计划不仅是一个详细的行动指南，而且能帮助创业者合理分配资源，预测并应对潜在的风险，从而提高创业成功的概率。

一个清晰的目标能够让我们明确自己想要什么，从而激发出无尽的动力和热情。有了商业计划，我们可以更好地分析市场、了解竞争态势、明确自身的优劣势，从而制定出切实可行的营销策略、运营计划和财务规划。

每一个里程碑的达成，都是对目标和商业计划的一次验证和调整。创业者需要保持敏锐的洞察力，要拥有清晰明确的目标和计划，也要有勇气进行自我反思，识别并纠正执行过程中的偏差。正是这种对目标的执着追求和对商业计划的灵活调整，构成了创业成功的核心要素。

目标和商业计划，就像是创业旅程中的灯塔和路线规划，指引着我们前行，确保我们不迷失方向，确保我们在创业的道路上稳步前行，高效地达到目的地。

虚假宣传，Theranos 骗局被揭穿

霍姆斯所创办的血液检测公司 Theranos，以其革命性的理念和技术，曾吸引了无数投资者的目光，被寄予厚望能够颠覆传统的血液检测行业。

霍姆斯雄心勃勃地宣称，Theranos 的技术仅需一滴血便能完成多项复杂检测，不仅简便快捷，而且结果的准确性堪比传统方法。这一创新性的宣传让市场为之振奋，投资者们纷纷看好这家公司，期待其能成为下一个科技巨头。

事实上，Theranos 的技术并未成熟到可以实现其宣传的所有功能。公司内部的技术问题层出不穷，检测结果的准确性和稳定性也远未达到市场预期。但霍姆斯却选择掩盖这些问题，继续夸大其技术的优势，以此吸引更多的投资和合作。

随着时间的推移，监管机构和媒体开始对 Theranos 产生质疑。面对外界的询问和调查，霍姆斯依然坚称自己的技术是可靠的，甚至不惜编造数据和实验结果来支撑她的说法。但纸终究包不住火，随着调查的深入，Theranos 的技术缺陷和霍姆斯的欺骗行为逐渐浮出水面。

最终，Theranos 的骗局被彻底揭穿。霍姆斯被迫辞去了 CEO 职务，并面临多项法律诉讼。这家曾被誉为创新典范的公司，声誉瞬间跌入谷底，投资者们也因此遭受了巨大的经济损失。

商业计划必须建立在真实、可行的基础之上。任何虚假宣传和欺骗行为，都只会给企业带来灾难性的后果。作为创业者，更应该坚守诚信原则，以实际行动和真实成果来赢得市场和投资者的信任。

精准计划，亚马逊的伟大传奇

在亚马逊创立之初，贝索斯就有着宏大的愿景。他清楚地知道，自己想要打造的不仅仅是一个卖书的网站，而是一个能够引领消费潮流、改变人们购物方式的全新平台。于是，他明确了亚马逊的目标——

先成为全球领先的在线书店，然后以此为跳板，向更广阔的商品领域进军。

他注重客户体验，不断优化网站界面，让消费者在浏览和购物时都能感受到极致的便捷和舒适。同时，他还着力提升物流配送速度，通过引入先进的物流管理系统，确保每一件商品都能准时、安全地送达客户手中。

除此之外，贝索斯还引入了先进的推荐算法，通过分析用户的购物习惯和喜好，为他们推送最合适的商品和服务。这一举措不仅提高了销售额，更让消费者对亚马逊产生了深厚的信任和依赖。

如今，亚马逊已经不仅仅是一个在线书店的代名词，它更是一个拥有亿万用户、涵盖无数商品种类的综合性电商平台。

稳扎稳打，小型便利店的崛起

普通人创业成功并不容易，但平凡的何军却通过明确的目标和精心策划的商业计划，让他的便利店在竞争激烈的市场中脱颖而出。

创业之初，何军就明确了自己的目标：打造一家服务社区居民、满足他们日常需求的便利店。为了实现这一目标，他制定了详尽的商业计划。从选址到商品选择，从供应链管理到客户服务，每一个环节他都深思熟虑，力求做到最好。

何军深知，便利店的成功与否，很大程度上取决于选址。因此，他花了大量时间调研，最终选择了一个位于居民区中心，人流量大且竞争相对较小的地段。同时，他根据社区居民的消费习惯和喜好，精心挑选商品，确保店内商品丰富多样，满足不同顾客的需求。

在供应链管理上，何军注重与供应商的合作关系，确保商品的质量和供应的稳定性。他定期与供应商沟通，及时解决可能出现的问题，保证店内商品的充足供应。此外，何军还非常注重客户服务。他明白，优质的服务是吸引和留住顾客的关键。因此，他定期对员工进行培训，提升他们的服务意识和专业技能。同时，他还建立了顾客反馈机制，及时收集和处理顾客的意见和建议，不断改进服务质量。

正是这些明确的目标和精心策划的商业计划，让何军的便利店在短短几年内就赢得了社区居民的认可和喜爱。如今，他的便利店已经成为了社区内不可或缺的一部分，为居民提供了极大的便利。

📓 干货笔记

深入了解市场和竞争环境。 在制定商业计划之前，首先要对所处的市场进行深入的调研。了解目标市场的规模、增长趋势、消费者需求以及竞争对手的情况。例如，如果你想开设一家便利店，就应该调查附近居民的消费习惯、喜好以及已有便利店的运营情况。通过这些信息，你可以找到市场的空白或机会，为商业计划提供有力的市场支撑。

明确并量化商业目标。 商业目标必须是具体、可衡量的，这样才能确保我们有明确的努力方向。举个例子，我们可以设定在未来一年内要实现的具体销售额，或者计划占据多大的市场份额。通过将目标量化，我们能够更直观地追踪进度，灵活调整策略。同时，所设定的目标应该既具有挑战性，又不至于遥不可及，这样才能充分激发团队的动力和斗志。

制定详细的运营和营销策略。 运营策略包括供应链管理、成本控制、服务质量提升等方面。例如，确定主要供应商，制定库存管理和物流配送方案。营销策略则涉及品牌推广、产品定位、销售渠道选择等。比如，你可以通过社交媒体、广告投放等方式来提升品牌知名度。这些策略应与你的商业目标相匹配，并随着市场变化及时调整。

规划财务和评估风险。 制定详细的财务预算，包括预期收入、支出和盈利情况。这有助于你了解项目的经济效益和可行性。同时，要识别并评估可能面临的风险，如市场波动、竞争压力等，并制定相应的应对措施。例如，你可以建立风险储备金来应对不可预见的支出或损失。

场景演练

场景一 初创咖啡店

卢小洁梦想开设自己的咖啡店,为繁忙都市人提供一个悠闲放松的场所,以吸引文艺青年和白领。她精心策划,从选址、设备采购到咖啡豆选择和装修风格,都亲自把关。店面选在市中心的幽静小巷,采用复古温馨的装修风格。

初期生意不如预期,但卢小洁有着长远计划,并不急于一时的获利。她从提升服务质量和产品创新入手,挑选高品质咖啡豆,研发特色咖啡和甜点,并加强员工培训。经过几个月努力,她的咖啡店在周边逐渐打响名气,吸引了更多顾客。

行为解读: 卢小洁在创业过程中展现出了坚定的目标和切实可行的计划。她从细节入手,全面把控店铺运营的各个环节,确保每一步都符合自己的初衷和目标。面对初期的困难,她通过提升服务质量和产品创新来突破困境,最终实现了自己的梦想。

场景二 线上教育平台

关跃发现市场上的教育资源分配得不平衡,太多孩子接触不到好的教育资源,这让他心里不是滋味。于是他下定决心创办一个线上教育平台,就是为了让更多的孩子能听到名师的课。他的目标很明确:打造一个课程内容丰富、还能跟老师互动的在线教育平台。

关跃开始制定商业计划,课程内容、怎么选老师、技术支持,还有怎么推广,他都考虑得十分周到。但平台上线后,用户增长得有点慢,还有人说课程内容太单一。

关跃是个行动派,听到这些反馈后,他马上调整策略,加了更多种类的课程,市场推广也更卖力了,还优化了用户体验。经过一段时间的打拼,他的线上教育平台开始受到大家的欢迎。

行为解读：关跃看到市场需求，明确目标后迅速行动，展现了敏锐的商业嗅觉。面对初期的困难，他不逃避，而是根据用户反馈灵活调整策略，丰富课程内容、加强市场推广、提升用户体验。

场景三 健康食品品牌

随着健康意识的提高，徐希旺看到了健康食品市场的巨大潜力。他的目标是打造一个专注于健康、美味的食品品牌。在制定商业计划时，他考虑了产品研发、生产流程、质量控制以及销售渠道等方面。

等到徐希旺的品牌一上市，市场反响可热烈了，大家都挺喜欢他家的产品。可随着销量一路飙升，生产跟不上，质量也得把控得更严。这时候，徐希旺没慌，他想起了自己当初的目标和计划，引进了一堆先进的生产设备，还加强了质量管理体系的建设。这么一番折腾下来，他的健康食品品牌在市场上稳稳地站住了脚，消费者们也都信得过他家的产品。

行为解读：徐希旺在创业过程中，不仅有明确的目标，还有一套周全的计划。他敏锐地捕捉到市场需求，然后针对性地进行了产品研发和生产布局。遇到问题时，他不忘初心，坚持加大投入、引进设备、完善质量管理，这都是为了让品牌更好地满足市场需求，赢得消费者的心。

场景四 共享出行项目

叶萍注意到城市交通拥堵和环境污染问题日益严重，于是决定创办一个共享出行项目，旨在减少私家车的使用，提倡绿色出行。她的目标是打造一个便捷、环保的共享出行平台。

在制定商业计划时，叶萍考虑了车辆采购、站点布局、用户服务以及市场推广等方面。项目上线后，她发现用户接受度并不高，而且运营成本居高不下。叶萍开始反思自己的目标和计划，决定从用户体验和成本控制入手进行优化。她改善了用户界面设计，提高了车辆的维护水平，并且优化了站点布局。经过一段时间的调整，共享出行项目逐渐获得了市场的认可，用户数量稳步增长。

行为解读： 叶萍在创办共享出行项目时，不仅有明确的目标，还制定了全面的商业计划。面对初期的困难，她能够迅速反思并调整策略，从用户体验和成本控制两方面入手进行优化。这些做法不仅提升了项目的吸引力，还降低了运营成本。

第二节 招募英才，高效团队协作

一个篱笆三个桩，一个好汉三个帮。创业之路，非一人之力可行。招募一个优秀的团队，建立起高效的协作机制，是创业成功的关键。他们或许擅长市场分析，或许精通技术研发，又或许善于运营管理。每个人都要有自己的专长和特色，才能汇聚成团队的整体力量。

招募到优秀的团队成员只是第一步。如何让他们发挥出最大的潜力，形成高效的协作机制，才是创业过程中的挑战。我们要明确团队的目标和愿景，让每个成员都明白自己的责任和使命。

建立起良好的沟通渠道，让信息在团队内部流通无阻。高效的协作机制，需要团队成员之间的相互信任和尊重。我们要鼓励成员之间的交流和合作，共同解决问题，攻克难关。当团队成员能够心往一处想，劲往一处使，创业的道路将会越走越宽，越走越顺。

只要我们拥有一个优秀的团队，建立起高效的协作机制，就能够勇往直前，无惧任何困难。

科技公司的高效团队协作

在初创阶段，一家名为"InnovaTech"的科技公司便确立了人才为核心的发展战略，致力于构建一个技术精湛、思维活跃的精英团队。创始人艾莉森深知，要在竞争激烈的科技领域脱颖而出，必须吸引并留住顶尖人才。因此她通过多元化的渠道广泛招募，不仅看重应聘者的专业技能，更强调其创新思维与团队合作能力。经过严格筛选，一群充满激情与才华的年轻技术专才汇聚到了InnovaTech。

为了最大化团队潜力，艾莉森营造了一个既宽松又充满挑战的工作环境。这里没有严格的层级制度，鼓励开放、直接的沟通，每个人都可以自由表达想法，直接向高层提出建议。这种扁平化的沟通模式极大地促进了团队协作效率。团队成员跨部门合作，共同为项目的成功出谋划策，相互学习，共同进步，不断推动产品创新和迭代。

正是这种高效的团队协作机制，让InnovaTech能够迅速推出多项创新产品。无论是其智能健康追踪应用，还是基于AI的个性化教育平台，都凝聚了团队的智慧与努力。团队成员不懈努力，持续优化产品，最终在市场中崭露头角，赢得了用户的喜爱和行业的认可。

只有让团队成员在宽松的环境中自由发挥、充分交流，才能激发出他们最大的创造力和协作精神。艾莉森以人为本的管理理念，让这家公司在短短数年间实现了从无到有、从小到大的飞跃，成为了科技界一颗快速升起的新星。

创业公司失败的团队协作

李历历瞄准了智能家居市场，创办了一家科技创业公司，立志要开发一款颠覆传统、引领潮流的新型智能家居产品。由于他在团队招募和协作机制上的严重失误，最终导致了创业的惨败。

在招募团队时，李历历过于看重个人技能而忽视了团队成员之间的性格匹配和团队协作能力。他通过高薪和优厚的福利待遇吸引了一批技术高手加入公司，却忽略了他们之间的磨合和配合问题。结果，这些技术精英们在工作中经常因为意见不合而产生激烈的争执和矛盾，导致团队协作效率极低。

更为致命的是，李历历没有建立起一个有效的沟通机制来促进团队成员之间的信息交流。各部门之间壁垒森严，信息传递不畅甚至出现了断层。经常出现工作重复、资源浪费或者重要任务遗漏的尴尬情况。这种混乱无序的团队协作状态严重拖累了产品的研发进度和质量。

随着时间的推移，李历历的创业公司逐渐陷入了困境。由于团队协作的不畅导致产品上市时间一再推迟，错过了最佳的市场机遇。当产品终于面世时，市场反响却平平无奇，远未达到预期的销售效果。公司很快陷入了财务危机，李明的创业梦想也随之破灭。

招募合适的团队并建立高效的协作机制对于创业的成功至关重要。李历历在团队建设上的失误成为了他创业路上的绊脚石，也让我们警醒在未来的创业道路上要更加注重团队协作和沟通的重要性。

古罗马铸就万神庙

在古罗马帝国的辉煌时期，万神庙市中心拔地而起。这一任务对于任何单个建筑师或工匠来说都是巨大的挑战。据传，皇帝召集了帝国内最杰出的建筑师、工程师和工匠，组成了一个强大的团队。

这个团队的成员来自不同的背景和专业领域，但他们共同的目标是将万神庙打造成一个无与伦比的建筑。在团队建立之初，领导者就明确了协作的重要性，并制定了一套高效的沟通和工作机制。

建筑师们负责设计神庙的整体结构和外观，工程师们则专注于解决建筑过程中的技术难题，而工匠们则凭借精湛的技艺将设计变为现实。他们定期沟通，讨论进度、解决问题，并不断优化方案。在团队协作的过程中，每个成员都充分发挥了自己的专长，同时也积极吸纳他人的建议。这种跨专业的合作，使得万神庙的设计和施工在当时都达到了极高的水平。

最终，万神庙以其宏伟的气势、精湛的技艺和独特的风格，成为了古罗马帝国的标志性建筑之一。

干货笔记

明确目标与定位。在招募团队之前，你必须要有一个清晰的蓝图，明确知道你要走向何方。比如，如果你的目标是打造一个颠覆性的科技产品，那么你需要的团队成员就应该是对技术充满热情、勇于创新的人才。你的愿景和计划要能够点燃他们的激情，让他们看到自己所投身的事业将会改变世界。

多渠道广泛招募。招募团队成员要广撒网，通过社交媒体、专业招聘网站、行业内部的论坛等，发布招募信息。不同的平台有不同的人才侧重，这需要你提前对它们进行了解和排查，这样能更精准地找到你想要的人。现有团队成员、业界的朋友或者合作伙伴，都可能成为你的人才库。他们的一句推荐，往往能给你带来意想不到的收获。

注重塑造团队文化。团队文化无形却强大，能够凝聚人心，激发潜能。在团队初建之时，就要明确你们的价值观和行为准则。比如，你可以倡导一种"敢于挑战、勇于创新"的文化氛围，鼓励团队成员之间互相学习、互相支持。当每个人都感到自己是这个大家庭中不可或缺的一员时，他们就会更加全心全意地投入到工作中去。

建立透明沟通机制。定期召开团队会议，让每个人都有机会发声。比如，你可以利用周会的时间，让每位成员轮流分享自己的项目进度、遇到的难题以及需要的帮助。同时，借助现代科技的力量，如使用项目管理软件来跟踪任务进度,利用即时通讯工具来保持信息的实时更新和共享。这样透明的沟通机制能够大大减少误解和冲突,让团队更加和谐高效。

场景演练

场景一 初创团队的人才招募

张文凯是一家公司的老板为了招募到一批人才,亲自筹备了一场大型的招聘会。

招聘会那天,张文凯亲临现场,逐一与求职者们深入交流。在众多求职者中,一个名叫小简的年轻人凭借对公司的深度了解和独到的见解,成功吸引了张文凯的注意。

经过与小简的细致交谈,张文凯深感这就是他心目中的理想人选。他当即决定向小简发出邀请,语气中满是诚恳:"我非常欣赏你的才华。我们公司急需你这样有远见的人才。希望你能加入我们,与我们共创未来。"小简对大老板的诚挚邀请感到既意外又激动,他紧紧握住张文凯的手,答应加入这个充满活力的团队。而张文凯的行为也被当作正面新闻被各大媒体争相转载,赢得一波口碑。

行为解读:张文凯深知初创公司的成功离不开高效的团队协作和优秀的人才。他通过精心组织的招聘会,成功吸引了众多求职者,更从中挖掘到了小简这样的潜力人才。他的招募策略不仅体现了对人才的尊重和渴求,更为公司注入了新的活力。

场景二 团队内部的矛盾化解

随着公司团队的日益壮大,不同成员间的意见碰撞也愈发频繁。某次,两位核心骨干因为项目走向而争执不下,气氛一度紧张。

张文凯得知此事后,迅速召集团队成员,开了一场紧急会议。他开场便肯定了大家的工作激情和投入，为团队营造了一个宽松的氛围。接着，他耐心而细致地听取了两位核心成员的各自观点，没有打断，也没有偏袒。

在充分了解了双方的立场后，张文凯提出了一个折中的项目方案。这一方案不仅考虑到了公司的长远规划和项目的可持续发展，还巧妙地平衡了两位核心成员的利益关切。

行为解读：张文凯在团队成员出现分歧时，及时介入并有效调解，展现了出色的领导力和团队协作精神。他通过耐心倾听和细致分析，提出了折中方案，成功化解了团队内部的紧张气氛。分歧难免，重要的是如何面对和解决，倾听、理解、保持公正，有助于建立高效的团队协作机制。

场景三 激发团队成员的潜能

一个优秀的团队需要不断激发成员的潜能。因此，张文凯经常组织各种培训和分享会，帮助团队成员提升技能、拓宽视野。

某次，张文凯特地邀请了一位在行业内颇具影响力的大咖，来为团队带来一场深入浅出的演讲。在演讲进行中，他观察到团队成员小梅听得格外入神，眼中闪烁着对知识的渴望。

演讲一结束，张文凯便找到小梅，询问他的心得。小梅难掩兴奋地说："这场演讲真的太有启发了，我现在对工作充满了新的想法和干劲！"

张文凯听后，脸上露出了欣慰的笑容，他鼓励道："非常好，我坚信你能把今天学到的宝贵知识转化为实际工作中的动力，为公司带来更多的创新和价值。"

行为解读：张文凯通过组织高质量的培训和分享活动，成功地激发了团队成员的学习热情和专业成长。他对团队成员的细致观察和个性化指导，如对小梅的及时肯定和鼓励，不仅提升了团队成员的工作能力，更增强了团队的凝聚力和向心力。

场景四 面临挑战时的策略

某次,张文凯的公司遭遇了一个前所未有的技术瓶颈,整个团队一时都陷入了困境,无人能拿出有效的解决方案。

张文凯迅速组织了一场紧急会议,号召团队成员们共同思考、集思广益。在会上,他信心满满地鼓励大家:"眼前的困难只是暂时的,只要我们齐心协力、共同面对,就没有什么是我们解决不了的!"

在张文凯的鼓舞和引领下,团队成员们纷纷提出了自己的见解和建议。经过多次的尝试和改进,他们最终成功地攻克了这个技术难题。这次难忘的经历让团队成员们更加坚信:在团结和毅力的双重支撑下,任何困难都将变得不再可怕。

行为解读:张文凯在面对技术难题时,展现了出色的领导力和团队协作能力。他及时召开会议,鼓励团队成员共同寻找解决方案,强调团结和努力的重要性。在他的带领下,团队成功克服了困难,展现了高效的团队协作和解决问题的能力。

第三节 迎合市场,产品精准定位

如果你是一位果农,面对一片繁盛的果园,你需要挑选出最受欢迎的水果去市场卖。是挑选甜美的苹果,还是多汁的橙子?这需要你洞察市场需求，这就是创业中的"迎合市场"。

每个消费者都像是一个独特的口味，他们有的喜欢甜的，有的喜欢酸的，有的偏爱口感细腻的，有的则钟情于口感清脆的。作为创业者，你的任务就是要找准这些口味，然后提供与之匹配的产品或服务。这就像是在果园中，根据市场的口味，挑选出最合适的水果。

"精准定位产品或服务"就像是给每种水果打上独特的标签。你是卖"阳光照耀的甜苹果"还是"山泉灌溉的清新橙子"？这个标签不仅能让消费者一眼就明白你的产品或服务的特点，也能让你的产品或服务在市场中脱颖而出。

在这个过程中，你需要像果农一样细心照料你的"果园"，时刻关注市场的"气候"变化，灵活调整你的"种植"策略。同时，你还需要像艺术家一样，用你的创意和热情，为你的产品或服务打上独一无二的"标签"。

迎合市场，精准定位产品或服务，就像是果农挑选水果，打上标签，再拿到市场去卖。这个过程既需要你对市场的敏锐洞察，也需要你的独特创意和热情。只有这样，"水果"才能在市场中大卖，创业之路才能越走越宽。

丝绸精细化定位契合市场

清代著名的徽商胡雪岩善于观察市场，发现商机，并利用手头的有限资源，实现以小博大的目标。他以其敏锐的商业眼光和精准的市场定位，成为了丝绸贸易的佼佼者。在当时丝绸不仅是中国的传统出口商品，也是国内外市场上的热门商品。然而市场竞争激烈，如何让自己的丝绸脱颖而出，成为胡雪岩思考的关键问题。

据悉，他发现不同地域、不同消费群体对丝绸的质地、颜色、图案有着不同的偏好。于是，他决定对产品进行精细化定位，针对不同市场需求，生产不同规格和款式的丝绸。例如，销往遥远的欧洲市场，他推出了轻薄、透气的丝绸，适合当地的气候和穿着习惯；而对于国内市场，他则注重丝绸的华丽和庄重，以满足达官贵人的需求。这使得胡雪岩的丝绸生意迅速崛起，不仅在国内市场占据了一席之地，还远销海外，赢得了广泛的赞誉。

无论时代如何变迁，商业的本质始终是满足消费者的需求。只有深入了解市场，精准定位产品和服务，才能赢得市场的青睐。

小镇烘焙店的健康转型

在江南的一个古色古香的小镇里，李阿姨经营着一家小小的烘焙店。这个小镇历史悠久，游客络绎不绝，但商业竞争也相当激烈。李阿姨的烘焙店在开业初期，生意并不如意。

她发现，虽然小镇上有多家烘焙店，但大部分产品都是传统的面包和蛋糕，缺乏创新和特色。同时，她也注意到，随着健康饮食的兴起，越来越多的游客开始追求低糖、低脂、高纤维的健康食品。

于是，李阿姨开始研发一系列低糖、低脂、高纤维的烘焙食品，如全麦面包、无糖蛋糕等。为了提升产品的口感和品质，她还特地学习了现代的烘焙技术，并采购了优质的原材料。

新产品一经推出，就受到了游客的热烈欢迎。许多游客在品尝后都赞不绝口，纷纷表示这是他们在小镇上吃到的最美味且健康的烘焙食品。随着口碑的传播，李阿姨的烘焙店生意逐渐红火起来。

好景不长，很快就有其他烘焙店开始模仿李阿姨的产品。面对竞争，李阿姨并没有气馁。她决定进一步创新，推出了一系列具有小镇特色的烘焙食品，如加入当地特产桂花、茶叶等元素的面包和蛋糕。这些产品不仅口感独特，还融入了小镇的文化元素，深受游客喜爱。

凭借着精准的市场定位和不断创新的精神，李阿姨的烘焙店在激烈的市场竞争中脱颖而出，成为了小镇上的一家网红店。如今，她的烘焙店已经扩展了多家分店，生意兴隆，她也成为了小镇上创业成功的典范。

Segway 的市场滑铁卢

Segway，这家初创公司曾梦想着在个人交通工具市场大展拳脚。他们推出了一款名为 Segway PT 的新产品，想把它打造成自行车和摩托车之间的"跨界明星"。然而这款产品在市场上的表现却让人大跌眼镜。

Segway PT 的价格定位过高，超出了大部分消费者的预期。他们原本希望这款产品能够成为环保、便捷的出行选择，但高昂的价格却让很多人望而却步。毕竟，在市场上已经有众多价格更为亲民、性能相当的个人交通工具可供选择的情况下，消费者很难为 Segway PT 的高价买单。

Segway PT 在功能定位上也显得模糊不清，它既不像自行车那样轻便灵活，也不像摩托车那样动力强劲。这种模糊的定位让消费者难以明确它的使用场景和优势，进而影响了购买决策。

在营销策略上，Segway 虽然做了一些尝试，但由于产品定位的失误，这些努力都显得力不从心。消费者对于一款价格高昂、功能模糊的新产品很难产生浓厚的兴趣，即使营销策略再花哨也难以扭转局势。

Segway 的失败案例再次证明了产品定位在市场推广中的重要性。一款产品要想在市场上取得成功，必须首先明确自己的定位，满足消费者的实际需求。否则，即使再创新、再独特，也难以赢得市场的认可。

📓 干货笔记

深入了解市场需求和趋势。想要在市场上站稳脚跟，首先得摸清市场的脉搏，知道它需要什么。这就好比渔民出海前要先探风，了解海流和鱼群的方向。我们得沉下心来，深入到市场的每一个角落，通过问卷调查、与消费者面对面交谈，甚至是利用现代科技手段分析网络上的大数据，去探寻消费者的真实想法和购物习惯。同时，还要抬头看路，关注整个行业的发展大势，看看哪些新兴的领域正在崛起，哪些旧有的模式正在被淘汰。只有这样，我们才能确保自己手中的产品或服务，是市场上真正炙手可热的"香饽饽"。

明确自己的定位。 在探寻了市场的需求之后，我们要给自己找个准确的坐标。是追求高端、奢华，还是亲民、实惠？是瞄准那些充满活力的年轻人，还是稳重的中老年人？是强调产品的实用功能，还是打造一种情感体验？这些选择，都得像挑选衣服一样，既要合身又要时尚。而这一切，都得依赖于我们先前深入市场的调研结果。只有找到了自己的定位，我们才能像射箭一样，瞄准目标，一击即中。

持续创新和改进。 市场总是在变。所以，我们不能一成不变，要时刻保持新鲜感。这不仅仅是在产品上加个新功能那么简单，更可能是对整个服务模式的翻新。我们要像猎豹一样，敏锐地捕捉市场上的每一个新动向，然后迅速作出反应，确保自己的产品或服务总是领先一步。

注重用户体验和反馈。 说到底，产品或服务的好坏，还是得消费者说了算。我们不能闭门造车，得真心实意地去听消费者的声音。可以设立各种渠道，让消费者随时向我们反馈他们的使用感受，是好是坏都得听进去。然后，我们就得像个勤快的工匠，针对这些宝贵的意见进行打磨和优化，直到自己的产品或服务达到消费者的期望。

场景演练

场景一 初创企业定位调整

孙星是一家初创企业的创始人，企业最初定位于高端家居装饰品。然而，市场反馈却远不如预期，销量惨淡，让他倍感压力。

面对困境，孙星开始深入市场调研，试图找出问题的症结所在。经过一番细致的考察，他发现在消费降级的大趋势下，中低端家居装饰品的市场需求其实更为巨大，且这个领域的竞争相对较小。

于是孙星果断决定调整企业的定位，从高端转型为中低端家居装饰品提供商。在这个新定位下，他和团队迅速行动起来，推出了全新的产品线。这些产品价格亲民、设计简洁大方又不失格调，很快就赢得了市场的热烈欢迎。随着销量的不断攀升，企业逐渐走出了困境。

行为解读：在初创企业面临困境时，孙星通过深入市场调研，发现了中低端家居装饰品市场的巨大潜力，并果断调整企业定位。在新的定位下，他带领团队迅速推出符合市场需求的新产品线，成功扭转了企业的颓势。

场景二 发掘细分市场

鲍蕾经营着一家小型农家乐，位于都市近郊，而这片区域农家乐众多，生意也不是很好做。她发现如今越来越多的城市居民开始关心食品的来源是否健康、环保。她决定打造差异，把自己的农场打造成一个专注于有机种植和健康农产品的特色农场。她迅速引进了一系列有机蔬菜、水果的种植技术，还增加了天然蜂蜜、有机鸡蛋等健康农产品的供应。

为了让顾客在购买农产品的同时，也能感受到大自然的魅力，鲍蕾还特意重新规划了农场布局，选用了环保材料建设农舍，还在农场里种满了各种绿植和花卉。这一番改造，农场简直大变样，一下子就吸引了好多注重健康、热爱自然的顾客。他们在这儿参观、体验，购买新鲜的有机农产品。农场的生意自然也就越来越红火了。

行为解读：鲍蕾敏锐地捕捉到市场新趋势，迅速调整农场的产品和服务，精准定位有机农产品市场。通过引进有机种植技术和健康农产品，以及环保的农场建设，成功打造了一家独具特色的农场，吸引了大量注重健康、热爱自然的顾客。

场景三 产品创新满足新需求

李麟是一家创新科技公司的创始人，专注于研发先进的健康管理设备。随着人们对健康意识的不断提升，对健康管理产品的需求也日益增长。

李麟敏锐地捕捉到了这一市场变化，他决定推出一款全新的健康管理智能手环。这款手环不仅仅能监测心率、血压等基本健康数据，还能通过分析用户的日常活动、饮食习惯等，提供个性化的健康建议和改善方案。在忙碌的生活节奏中，这款手环能时刻提醒你关注自己的身体状况，为你量身定制健康计划，贴心感简直无法用言语形容。

这一创新产品一经推出，迅速在市场上引起了轰动。消费者们纷纷表示，这款健康管理智能手环让他们的生活变得更加健康、有序。李麟的公司也因此获得了巨大的成功。

行为解读： 李麟紧跟市场的步伐，精准地定位了产品和服务。通过推出这款健康管理智能手环，他不仅满足了消费者的需求，还引领了健康管理的市场潮流。创业者要时刻关注市场变化，不断创新，才能在竞争激烈的市场中立于不败之地。

场景四 抓住时机，拓展新市场

高亚飞经营着一家线上教育平台，主打的是职业培训课程。这几年，在线教育火得不行，竞争也跟着水涨船高。高亚飞觉得，得找个新出路，不能老在原地打转。

他开始放眼四方，特别留意新兴市场的情况。这不，他就发现东南亚那块的在线教育市场还刚起步，但需求可大了。高亚飞一拍大腿，决定就抓这个机遇，进军东南亚！

他和当地的教育机构搭上了线，合作推出了符合当地人胃口的课程。这么一来，他的平台在东南亚迅速火了起来。这一招不仅让公司业务更上一层楼，连带着品牌也响当当了。

行为解读： 高亚飞眼光独到，及时捕捉到了东南亚在线教育市场的大蛋糕。通过与当地机构联手,推出接地气的课程,成功打入了新市场。创业就是要敢于尝试,找准市场空白,精准定位产品和服务。

第四节 灵活调整,策略随机应变

　　创业之路,如同行走在荆棘丛生的山谷之间,时而阳光普照,时而风云突变。在这充满挑战与机遇的旅途中,创业者必须时刻保持警觉,洞察市场的微妙变化。当市场风向转变时,我们不能固守旧有的经营策略,应迅速调整行进的方向和步伐。

　　它要求我们在面对困境时,能够迅速找到解决问题的办法;在机遇来临时,能够敏锐地捕捉并果断行动。这种灵活性,就像山谷中的流水,遇石则绕,遇坡则下,总能找到前进的道路。

　　我们要根据市场的反馈,不断调整和优化自己的产品或服务,以满足消费者的需求。同时,我们还要关注行业的发展趋势,及时跟进并引领潮流。在这个过程中,创业者需要有敏锐的洞察力和果断的决策能力,敏锐地捕捉到市场的每一个细微变化,并迅速做出反应。

　　唯一不变的是变化本身。灵活应对,及时调整经营策略,是创业者在复杂多变的市场环境中生存和发展的关键。只有那些能够顺应市场变化、不断调整自身策略的创业者,才能在创业的道路上走得更远更稳。

范蠡灵活应变

范蠡不仅是越王勾践的重要辅臣。据传，助越国灭吴后，他隐居齐国，利用当地资源，开荒种地并煮盐贩卖，几年后，他成为当地巨富。

在粮食贸易中，他密切关注气候变化和农作物生长情况，预测粮食产量的波动。当遇到自然灾害或战争等可能导致粮食短缺的情况时，他会果断地大量收购粮食并储存起来。待市场粮食供应紧张、价格上涨时，他再将粮食售出，从而获得丰厚的利润。

在齐国贩马时，他了解到吴越地区对好马的需求旺盛，而齐国正好有优质的马匹资源。贩马之路充满风险，强盗劫匪众多。范蠡巧妙地与经常贩运麻布到吴越的巨商姜子盾合作，利用其已打通的运输线路，安全地将马匹运至吴越，从而大赚一笔。

无论是囤积居奇的粮食贸易，还是其他商业活动，范蠡总能灵活应对，抓住商机。在灵活应对市场的同时，范蠡始终坚持诚信经营的原则。他以信誉赢得客户的信任和市场的认可，为自己奠定了坚实的基础。这种诚信精神，也是他在商业上取得巨大成功的重要因素之一。

Netflix 的技术创新转型

在 20 世纪末，当互联网还处于萌芽阶段时，Netflix 以一种看似简单的商业模式——邮寄 DVD 租赁服务悄然诞生。随着互联网技术的迅猛发展和消费者习惯的转变，传统的 DVD 租赁业务逐渐显得力不从心。

黑斯廷斯是 Netflix 的创始人，以其敏锐的市场洞察力和前瞻性思维，意识到了变革的紧迫性。2011 年，黑斯廷斯做出了一个在当时看来几乎是自毁的决定——停止邮寄 DVD 租赁服务，全面转向在线流媒体服务。这一决策在业界引起了轩然大波，许多忠实用户感到困惑和失望，公司的股价也遭受了重创。

黑斯廷斯并没有因此而退缩，而是加大了在内容制作和技术创新上的投入。Netflix的原创内容战略以《纸牌屋》为先锋，开启了一场内容革命。这部剧集不仅以其高质量的制作水准赢得了观众的心，更以其独特的叙事风格和深刻的社会洞察力，赢得了评论家和奖项的青睐。随后，《怪奇物语》等一批原创剧集的推出，更是将Netflix推向了内容创作的高峰。

Netflix的成功不仅仅在于它的内容制作，更在于它对技术的运用。通过大数据技术，Netflix能够精确地分析用户的观看习惯和偏好，为用户提供个性化的推荐服务。这种服务不仅极大地提高了用户体验，也使得Netflix能够更精准地把握市场脉搏，推出更符合用户需求的内容。

Netflix的转型之路，是一段充满挑战和机遇的旅程。它告诉我们，面对市场的变化和竞争的压力，企业不能被沉没成本所裹挟，而是需要有勇气及时止损，自我革新，有智慧把握时代的脉搏。

柯达的数码转型失败

柯达曾经在全球摄影和影像行业占据领导地位，以其创新的胶片技术和相机产品闻名于世。20世纪90年代，随着数码摄影技术的兴起，柯达开始面临前所未有的挑战。尽管柯达早在1975年就发明了世界上第一台数码相机，但公司高层对于数码技术的商业潜力评估不足，未能及时将研发成果转化为市场竞争力。

进入21世纪，随着智能手机和专业数码相机的普及，传统胶片市场迅速萎缩。柯达虽然也推出了一系列数码相机产品，但由于产品定位不明确、技术更新缓慢，以及市场营销策略的失误，柯达的数码产品未能在市场上取得领先地位。与此同时，公司对于传统胶片业务的过度依赖，使得转型过程异常艰难。

2003年，柯达宣布重组计划，试图通过裁员和出售资产来改善财务状况。这些措施并未能有效解决公司的根本问题。随着市场竞争的加剧和消费者需求的转变，柯达的市场份额不断下滑。2012年，柯达因无法偿还巨额债务，申请了破产保护。

破产后的柯达进行了一系列的重组和资产出售，试图通过转型为一家以商业印刷和包装为主的B2B公司来恢复生机。虽然柯达在破产重组后继续存在，但它已经不再是那个曾经家喻户晓的摄影巨头。柯达的市值从1990年代的300亿美元高峰，跌至破产时的不到1亿美元。

柯达的案例是一个典型的由于缺乏前瞻性和灵活性，未能及时适应市场和技术变革而导致的失败。公司在数码摄影时代的初期，未能充分认识到数码技术的革命性影响，错失了转型的最佳时机。此外，柯达在转型过程中的犹豫不决和战略失误，也加速了其衰落。

干货笔记

深入市场调研与敏捷组织结构。别整天只盯着自己的一亩三分地，创业者首先需要持续进行市场调研，通过在线调查、消费者访谈等方式，深入了解消费者需求和市场趋势。基于这些信息，创业者应该构建一个敏捷的组织结构，团队里也要多交流，以快速响应市场变化。

强化产品创新与技术应用。产品或服务的持续创新是企业生存和发展的核心，你的商品或服务得跟上潮流，别老想着一招鲜吃遍天。多花点心思在研发上，让产品更上一层楼。创业者应不断投资于研发，以优化产品功能或开发新的产品线。如今科技发达，利用现代技术如云计算、大数据和人工智能来提升运营效率和决策质量。例如，通过数据分析来预测市场趋势，或使用社交媒体提高品牌知名度。

建立全面的风险管理机制。面对市场的不确定性，创业者需要建立一套全面的风险管理机制。这包括风险识别、评估、监控和制定应急预案。通过压力测试和模拟演练，企业可以提前准备应对各种可能的市场变化，从而减少潜在损失并保持业务的连续性。

钱袋子要鼓，路子要多。创业者必须密切关注企业的财务状况，确保有充足的流动资金来应对紧急情况。合理规划预算、控制成本和优化现金流管理是保持财务稳健的关键。此外，探索多元化的融资渠道，如银行贷款、风险投资或众筹，可以为企业的长期发展提供支持。

场景演练

场景一 初创期的挑战

喻玉刚成立了一家小型环保科技公司，主打"纸浆生态杯"。几个月过去了，销量并未达到预期，这让她倍感焦虑。

经过市场调研，她发现消费者对纸浆杯的耐用性和性价比心存疑虑。为了更深入地了解消费者，她决定亲自走访。走访中喻玉发现，大家虽认可环保理念，但更看重杯子的实用性和价格。

于是她改进生产工艺，提升杯子的耐用性和保温性能，同时努力降低成本。为了让消费者更直观地感受产品的优势，喻玉在社交媒体上发起"纸浆杯挑战赛"，邀请用户分享使用体验。几个月后，纸浆生态杯的销量稳步上升，用户反馈也越来越好。

行为解读：喻玉的做法充分展现了创业者的智慧和灵活性。面对市场的不温不火，她没有选择硬碰硬，而是深入市场，了解消费者的真实需求。通过灵活调整产品设计和营销策略，她成功地抓住了消费者的心，使公司逐渐在市场上站稳了脚跟。

场景二 市场变化的应对

田兰的服装店已经开了好几年，一直以来都靠着稳定的客源和不错的口碑过得挺滋润。最近她发现店里的客流量明显少了，就连一些老顾客也不怎么来光顾了。经过一番调查，她才发现原来附近的大购物中心新开了几家快时尚品牌店，把大批年轻人都吸引过去了。

田兰开决定搞点新鲜的，引进一些独立设计师的作品，给店里打造出一个独特的品牌形象。她不仅亲自跑去找设计师谈合作，还精心挑选了一批有特色的服装。更厉害的是，她还在店里搞起了小型时装秀，这一举动可吸引了不少新顾客，生意自然也就跟着红火起来了。

行为解读：面对市场的变化，田兰没有选择坐以待毙，而是主动出击，寻找新的市场策略。通过引入独立设计师的作品和举办时装秀，她成功地打造出了一个与众不同的品牌形象，吸引了大量年轻消费者。

场景三 技术革新的机遇

年施淳经营着一家软件开发公司，专注于为中小企业提供定制化服务。然而，随着云计算和大数据技术的风靡，他敏锐地察觉到传统开发模式已经过时。客户们纷纷要求更强大的数据分析功能和云服务的整合。

年施淳果断投入资源，组织培训，让团队快速掌握新技术。紧接着，团队开始研发基于云计算的解决方案。不久，一款全新的云服务平台应运而生。这款平台不仅大幅提升了服务效率，还为客户提供了更为深入的数据分析和业务洞察，成为市场上的新宠。

行为解读：年施淳展现了出色的市场洞察力和战略调整能力。面对技术潮流和客户需求的转变，他迅速调整策略，培训团队，研发新产品。这种灵活应变和勇于创新的精神，使他的公司在竞争激烈的市场中脱颖而出，树立了行业新标杆。

场景四 危机中的转机

晏秋水拥有一家餐饮连锁店，但近年来受到经济形势和市场竞争的双重夹击，生意开始走下坡路。面对消费者对餐饮需求越来越多样化的现状，那些一成不变的菜单和老套的经营方式显然已经抓不住食客的心了。

晏秋水观察发现，现在大家都追求健康饮食，还想要个性化的服务。于是，他大手一挥，决定对菜单进行大换血，加入了更多健康、低脂的佳肴。更绝的是，他推出了定制化服务，让顾客能按照自己的口味来定制菜品。

　　这一改,效果立竿见影。那些追求健康生活的食客们纷纷涌入餐厅,生意不仅稳住了阵脚,还实现了翻盘。

　　行为解读:晏秋水的成功,关键在于他能够紧跟市场脉搏,灵活调整策略。他不拘泥于传统,大胆创新,推出了符合现代人口味的服务。这种敏锐的市场洞察力和勇于变革的精神,正是创业者所需的宝贵品质。

第五节 流量杠杆,聚焦私域变现

　　现如今,商业的核心两板斧就是流量和变现,没流量就等于没生意。真正赚钱的人,都懂得用"流量思维",在赚钱之前,就专心做好流量和变现这两件事。像那些大商场,掌握了线下的人流,就成了巨头;电商平台手握电商流量,对传统店铺造成了冲击;社交平台靠着社交流量,发展出了社交电商。说到底,一切都得靠流量,有了流量,产品和服务自然就能卖出去。流量会越来越难搞,也越来越贵,因为抢流量的人越来越多,但总的流量是不变的。所以,得赶紧行动,用流量思维去开辟自己的创业之路。

　　在这样的背景下,私域流量的概念逐渐兴起,并成为了创业者们的新宠。私域流量,简单来说,就是属于自己的、可以自由掌控的流量,比如微信好友、社群、公众号粉丝等。与依赖平台分配的公域流量相比,私域流量更加稳定、成本更低,且能够反复利用,是实现长期变现的宝贵资源。

聚焦私域变现，意味着创业者需要转变思维，从过去的一次性交易转向建立长期的客户关系管理。通过提供有价值的内容和服务，吸引并留住用户，再在此基础上进行精准营销和个性化推荐，从而提高转化率和复购率。这种模式下，每个用户都不再是简单的流量数字，而是具有潜在价值的长期资产。

要实现私域流量的有效变现，关键在于精细化运营和持续创新。一方面，要深入了解用户需求，不断优化产品和服务，提升用户体验；另一方面，要积极探索新的营销玩法，如直播带货、社群团购等，以保持用户的新鲜感和活跃度。同时，利用数据分析工具，对私域流量进行深度挖掘，发现更多变现机会。

流量是生意的命脉，而私域流量的有效运营和变现，则是开启财富之门的金钥匙。赶紧行动起来，用流量思维点亮你的创业之路吧！

创新运营，扩大私域流量池

要想在创业的道路上获得成功，并非易事。但90后创业者依米老师却凭借对私域流量的精准把握和创新运营，成功实现了年营收超千万的业绩，为众多创业者揭示了一条可行的道路。

依米老师的创业之旅起点不高，起初她只有两个微信号，里面只有1000多个老客户。她知道这1000多个老客户是她最宝贵的财富，是他们构成了她私域流量的基础。于是她开始对这些客户进行精细化运营，通过提供优质的产品和服务，以及建立深厚的信任关系，逐步扩大了自己的私域流量池。

她明白私域运营的核心在于人与人之间的信任关系。因此，她不仅关注产品的质量和服务的体验，还注重与客户的情感连接。她经常与客户沟通，了解他们的需求和反馈，从而不断优化自己的产品和服务。这种以客户为中心的经营理念，使得她的私域流量池不断壮大，也为她带来了更多的商业机会。

依米老师还运用这套私域运营方法帮助多个行业项目实现业绩增长。她的成功案例充分证明了私域流量变现的可行性和巨大潜力。她的实践表明，即使是普通个体，只要掌握正确的私域运营策略，也能在激烈的市场竞争中脱颖而出。

流量杠杆和私域变现是当前创业领域的重要趋势。对于想要在互联网时代分一杯羹的创业者来说，掌握这一门道，无疑将大大增强自身的竞争力。只有这样，我们才能在创业的道路上走得更远、更稳。

网红带货，扩大品牌知名度

丹尼尔·惠灵顿是瑞典的一家钟表公司，凭借其独特的营销策略和对私域流量的精准把握，实现了在全球范围内的迅速崛起。

惠灵顿钟表深知，要在竞争激烈的市场中脱颖而出，就必须找到一种能够高效触达目标受众的方法。他们选择了与网红合作，利用网红在社交媒体上的巨大影响力来推广品牌和产品。这种策略不仅增加了品牌在社交媒体上的曝光度，还成功吸引了大量潜在客户的关注。通过与知名网红如 Kylie Jenner 等的合作，惠灵顿钟表在 Instagram 上的追随者数量显著增加，迅速达到了数百万级别。

这种与网红合作的策略不仅提升了惠灵顿钟表的品牌市场认知度，还直接带动了销售额的增长。在短短几年内，惠灵顿钟表就实现了显著的业绩增长，证明了与网红合作、聚焦私域流量变现的有效性。他们通过精准定位目标受众，利用网红的影响力将品牌信息传递给潜在客户，进而转化为实际的购买行为。

惠灵顿钟表的成功案例说明，创业要想取得成功，就必须善于利用流量杠杆，聚焦私域变现。通过与有影响力的网红合作，品牌可以迅速扩大知名度，吸引更多潜在客户的关注。对私域流量的精准运营也是至关重要的，只有深入了解目标受众的需求和兴趣，才能提供有价值的内容和服务，最终实现私域流量有效变现。

裂变之殇，缺乏精细化运营

慧慧的购物社群曾尝试通过裂变活动来迅速扩大用户规模，但结果却令人大失所望。裂变活动的设计显然出了问题，群内广告如潮水般涌来，轰炸得用户们苦不堪言。本想加入社群寻找些好物推荐，却没想到被无尽的广告淹没，用户体验极差。

成员们之间也缺乏真实的互动和有价值的内容分享。大家都忙着刷屏、发广告，根本没人愿意停下来聊聊心得、分享些真正有用的信息。这样一来，社群很快就沦为了垃圾信息的集散地，毫无价值可言。

社群内的环境如此恶劣，用户们自然是纷纷选择退群。有些人可能一开始是因为好奇或误操作加入了社群，但很快就因为无法忍受这种糟糕的环境而选择了离开。这样一来，社群不仅没有实现有效的用户增长和留存，反而还对品牌形象造成了负面影响。

说到底，慧慧购物社群在运营过程中还是缺乏精细化运营策略。他们没有针对不同用户的需求和兴趣进行个性化推送和互动，而是采用了"一刀切"的运营方式。这种方式显然是不奏效的，因为用户们的需求和兴趣各不相同，怎么能用同一种方式来对待呢？这种粗放的运营方式导致用户满意度极低，进一步加剧了用户流失的情况。

想要挽回用户的信任和支持，社群就必须痛定思痛，重新审视自己的运营策略。只有真正站在用户的角度去思考问题，才能找到解决问题的关键所在。

📖 干货笔记

了解用户，优化用户体验。深入了解你的私域用户，包括他们的需求、偏好和行为模式，利用数据分析工具不断细化用户画像，并据此调整产品和服务。同时，确保私域流量池提供流畅、易用的用户体验，简化购买流程，提供多种支付方式，并建立高效的客户服务体系，快速响应用户问题，提升整体满意度。

精准营销，构建内容矩阵。 制定多样化的内容策略，包括教育性、娱乐性和促销信息，以满足用户不同需求。定期发布有价值的内容，如教程、行业趋势、用户故事等，增强用户粘性和信任度。同时，利用数据分析工具对用户进行细分，制定个性化的营销策略，如基于购买历史推送优惠券，提高营销活动的有效性和 ROI。

社群运营，探索变现模式。 建立并维护活跃的社群，让用户之间以及用户与品牌之间频繁互动，定期举办线上活动增强社群凝聚力和活跃度。同时，探索多元化变现模式，如会员制度、广告合作、知识付费等，提供会员专享优惠、在社群中植入品牌广告、开设付费课程等，增加收入来源并降低对单一变现渠道的依赖风险。

持续创新，提升变现效率。 在私域流量变现的过程中，持续创新是关键。不断尝试新的营销玩法，如直播带货、社群团购等，以保持用户的新鲜感和活跃度。同时，定期评估变现策略的效果，根据数据反馈进行优化调整。通过持续的创新与优化，不断提升私域流量的变现效率和用户价值。

场景演练

场景一 健康食品商铺

符闻和池鹏一起开了个商铺，专门卖健康食品。他们想让更多的人来买他们的东西，所以他们决定更了解顾客，让顾客买东西的时候更开心。

符闻用了一些工具来分析顾客喜欢什么，发现很多人喜欢没有糖、蛋白质多的食品。所以他们就多进些这样的货，让种类更多，库存也更足。

池鹏的工作是让顾客买东西的时候更方便。他让买东西的步骤变简单了,还增加了很多种付款方式,让网站和手机应用看起来更舒服,用起来也更顺手。他们还弄了一个24小时在线的客服,这样顾客有问题或者想要提意见的时候,随时都能找到人帮忙。通过这些改变,他们的生意做得更好了,顾客也更满意,很多人买了一次之后还会再来买。

行为解读: 符闻深入分析用户行为与需求,精准调整产品线;池鹏致力于优化用户体验,提升服务响应速度。他们共同经营健康食品电商平台,推动私域流量高效变现,实现用户满意度与复购率的显著提升。

场景二 化妆品小店

邰至诚和文双江一起搞了一个专门卖化妆品的小店。他们想让更多人知道他们的店,也想让他们的东西卖得更好。

邰至诚的工作是想出一些好主意,让顾客喜欢看他们的东西。他做了一些教程,教大家怎么化妆,还分享了化妆品行业的最新趋势和一些顾客的故事。这些内容让新顾客觉得有趣,也让老顾客更愿意经常来店里看看。

文双江的工作是找到喜欢他们化妆品的不同人群,然后给这些人一些特别的优惠。他用了一些工具来分析顾客,然后根据不同的顾客群体,推出了不同的营销计划。比如,他发现年轻人喜欢限量版的化妆品,就在社交媒体上大力宣传,很多年轻人都被吸引了过来。通过这些办法,他们的小店变得越来越受欢迎,卖的东西也越来越多,他们的品牌也越来越出名。

行为解读: 邰至诚通过制定融合教育、娱乐与促销的多元化内容策略,有效吸引并留存用户。文双江则凭借精准营销与用户细分,实施个性化推广。两位营销高手合作运营美妆品牌私域流量池,成功提升变现效率,扩大品牌影响力与市场份额。

场景三 年轻人社群

闫东华和卫韦是两个很有创意的创业者，他们一起做了一个给年轻人玩的社群平台。他们想让自己平台上的人不仅玩得开心，还能帮他们赚钱。

闫东华的工作是让这个平台上的人更活跃，他经常组织一些线上活动，比如大家一起讨论问题、分享自己的故事，还有主题讨论会。这些活动让平台上的人感觉像一个大家庭，也吸引了很多新朋友加入。

卫韦的工作是想出各种办法来赚钱。他推出了会员服务，让会员可以享受到一些特别的优惠和特权；他还和其他品牌合作，在平台上放广告；另外，他还开了一些课程，教大家怎么创业和一些有用的技能。通过这些努力，他们的平台不仅人气越来越高，平台上的人也越来越活跃，而且他们的品牌也得到了很多商业机会，赚到了更多的钱。

行为解读：闫东华与卫韦共同运营面向年轻人的社群平台，展现了出色的运营与变现能力。闫东华通过定期举办线上活动，增强社群凝聚力并吸引新用户。卫韦则探索多元化变现模式，推出会员制度、品牌合作与付费课程，有效提升私域流量变现效率，为品牌带来更多商业机会与收入。

场景四 传统服装店

章立珲开了一个服装店，他知道要想卖得好，就得不停地想新点子和改进方法。他和他的团队一直在找新法子来吸引顾客，让他们的店更受欢迎。

最近，他们试了试现在很火的直播卖货，还请了一些很有名的时尚达人来帮忙，结果很多人来看直播，也有很多人买了他们的衣服。为此，他们在线上开辟了销售渠道，一些短视频平台可以直接通过链接进入店铺选购。

他们还根据顾客的反馈和一些数据，不断改进他们的商品和服务。

通过这些不断的尝试和改进，章立珲的服装卖得越来越好，顾客也越来越满意，对他的店也越来越忠诚。他相信，只要不停地创新和改进，他的店就能在竞争激烈的市场上一直走在前面。

行为解读： 章立珲深知私域流量变现的关键，带领团队积极探索新营销方式，如直播带货，并邀请知名时尚博主吸引用户。他注重用户反馈和数据分析，不断优化产品和服务。这些实践提升了变现效率，增强了用户满意度和忠诚度。

第六章　酒局饭局的门道

在中国的传统文化中，酒局饭局不仅是品味美食、享受闲暇的时光，更是人际交往、情感沟通的重要场合。古有"酒逢知己千杯少"的佳话，今有"饭局之上谈生意"的现实。在这个推杯换盏、言谈甚欢的过程中，隐藏着许多深奥的门道，如何在礼仪中展现修养，在言谈间把握节奏，在酒杯中寻求平衡，在交流中拓展人脉？是很多刚进入职场年轻人的困惑。

礼者，天地之序也。在酒局饭局中，礼仪得体是展现个人修养的重要方面。无论是入座的次序、用餐的举止，还是敬酒的方式，都体现了一个人的教养和内涵。第一节"礼仪得体，展现个人修养"，便是提醒我们，在酒局饭局中要时刻注意自己的言行举止，以礼待人，尊重他人，也尊重自己。

在酒局饭局中，细节决定成败，每一步都需精心考量，兼顾众人之需，展现品味与周到。点菜时，应综合考虑大家口味，兼顾各方特色，既显品味又节制。选址也需讲究，根据场合与参与者身份灵活选择，生日派对可选热闹之地，商务宴请则需高雅正式之环境，体现专业与诚意。不同的场合需要不同的应对方式，无论是庄重的商务宴请，还是轻松的私人聚会，我们都应审时度势，做出恰当得体的行为。

交谈是必不可少的一环。话题的把握，直接关系到交谈的氛围和效果。一个善于把握话题的人，总能在谈笑风生中拉近与他人的距离，达成自己的目标。

　　当然，酒局饭局中少不了美酒的助兴。但饮酒需有度，过犹不及。《诗经》有言："饮酒孔嘉，维其令仪。"在享受美酒的同时，我们也要保持清醒的头脑和得体的举止，不失态不伤人。

　　最后，酒局饭局不仅是品味美食的场所，更是拓展社交圈子的良机。海内存知己，天涯若比邻。在推杯换盏间，我们可以结交志同道合的朋友，拓展自己的人脉资源。珍惜酒局饭局中的每一次交流机会，让自己的社交圈子更加广阔。

　　酒局饭局的门道虽然繁多复杂，但只要掌握了要领，便能在游刃有余地应对各种场合，在品味美食佳酿的同时，收获人脉与情感。

第一节 礼仪得体，展现个人修养

酒局饭局是社交场合展现个人修养的重要舞台。礼仪不等同于繁文缛节，而是深植于心的一种尊重和体谅。它体现在细微之处，如轻轻的点头、温暖的微笑、适时的举杯。这些看似不经意的小动作，却能让人感受到你的教养和内涵。

尊重他人就是尊重自己，体谅他人就是体谅自己。当你为他人拉椅子、为女士倒酒时，你展现的不仅是绅士风度，更是一种对他人的尊重和关怀。

礼仪是指懂得在适当的时候说适当的话，做适当的事。不抢话、不打断，不刻意为之，自然地流露出来。在酒局饭局上，我们常常需要与他人交流，倾听是礼仪的基础，也是我们获取信息和理解他人观点的重要途径。回应也是礼仪的一部分，在倾听之后，给予恰当的回应，可以让他人感到被理解和被重视。无论是赞同还是质疑，我们都应以尊重和理解为前提，用恰当的语言和方式表达自己的观点。

当你的每一个动作、每一句话语都自然得体时，你就真正掌握了酒局饭局的门道。在酒局饭局中，要用礼仪展现我们的修养，用尊重赢得他人的尊重，用真诚打动人心。

杨修失礼惹祸上身

三国时期的杨修因在宫廷宴会上的失言，最终招致了杀身之祸。

据传，在一次盛大的宫廷宴会上，曹操为了考验在场诸臣的才智，特意出了一个复杂的谜语。曹操的用意，除了娱乐之外，更想观察哪些臣子能够迅速理解他的意图，以及他们的反应能力。

杨修听闻谜语后，几乎是立刻就洞悉了谜底。他心中一阵得意，不假思索地脱口而出答案。在场的人都被他的敏捷才智所震惊，这份震惊之中，也夹杂着些许的不悦和警惕。曹操的脸色更是微微一变，他深邃的眼神中闪过一丝不满。

他未能理解在那样庄重的场合下，即便才智出众，也应保持谦逊和低调的重要性。他的心中充满了对自己的才智的得意，却没有顾及到在场其他人的感受，尤其是曹操作为君主的威严和面子。

他没有意识到，曹操出谜语不仅仅是为了娱乐，更是为了观察和考验臣子的忠诚度、机智以及他们能否在适当的时机展现才智。杨修的迅速回答，虽然展现了其才智，但却可能让曹操觉得自己的权威受到了挑战，因为杨修的行为似乎是在炫耀自己比君主还要聪明。

此外杨修在宴会后的多次场合中，也没有展现出应有的礼仪和修养。他继续因失言失礼而触怒曹操，这进一步表明了他缺乏在权力面前保持谨慎和尊重的能力。他可能自认为与曹操关系亲近而可以随意，但实际上，这种行为只会让君主更加不满，最终让曹操找到了借口，以"泄露军机"的罪名将他处死。

无论在何种场合，礼仪得体和个人修养都是极为重要的。它们不仅关系到个人的形象和声誉，更可能影响到个人的命运和未来。杨修的悲剧，不仅仅是因为他的才智过高，更是因为他在社交场合中缺乏必要的礼仪和修养。他不知道如何在权力面前保持低调和谦逊，也不知道如何与同僚和谐相处。他的失言和傲慢，最终让他付出了生命的代价。

晚宴场上的绅士

英国绅士克里斯蒂是一位在国际商业舞台上享有盛誉的商业顾问和演说家，他在各种社交场合中展现出的礼仪风范被人津津乐道，尤其是在酒桌和餐桌上。

在一次由多家跨国公司共同举办的商务晚宴上，克里斯蒂作为特邀嘉宾出席。晚宴开始前，他提前到达，与每一位来宾亲切交谈，无论是公司高管还是普通员工，他都给予同等的尊重和关注。在入座时他选择了一个既不太显眼也不太偏僻的位置，这样既能方便与更多人交流，又不会显得过于张扬。

在用餐过程中，克里斯蒂始终保持优雅的姿态，他的动作从容不迫，每一口都细细品味。当服务员为他添酒或换盘时，他总是用温和的语气表示感谢，并始终保持微笑。

在与他人交谈时，他总是先倾听对方的意见，然后再发表自己的看法。他的谈吐风趣而富有智慧，从不打断他人的发言，也从不发表过于激进的言论，总是能够巧妙地引导话题，让每个人都感到舒适和愉快。

在酒桌上，克里斯蒂同样展现出了他的节制和自律。他从不过量饮酒，总是适量而止，保持着清醒和冷静的头脑。他善于用幽默和风趣的话语调节气氛，但从不失态或过分张扬。

晚宴结束后，克里斯蒂并没有急于离开，而是与每一位来宾一一告别，并用真诚的话语表达对他们的感激和期待。他的每一个举动都透露出他深厚的礼仪修养和人格魅力。他用自己的行动诠释了什么是真正的优雅和绅士风度，在酒桌和餐桌上赢得了所有人的尊重和赞赏。

普通职员酒桌礼仪

章力强是个普普通通的公司职员，大家都叫他小强，别看他职位不高，但每当公司聚会或是朋友们聚餐时，他总能成为大家称赞的焦点。

这并不是因为他有多么出众的才华，而是因为他那与人为善、举止得体的态度。

有一次，公司搞了个团建，晚上吃饭喝酒是少不了的。小强酒量一般，但他从不会喝得烂醉如泥或者强行灌别人酒。他就那么坐着，笑咪咪地举杯，意思一下就好，既不扫兴也不出丑。饭桌上，大家提议玩点游戏开心开心。轮到小强时，他站起来，以一种幽默诙谐的方式应对，用通俗易懂的大白话逗乐大家，气氛一下子就活跃了，而且还不让人难堪。

用餐时，小强的细心周到更是让大家印象深刻。他会时刻关注着桌上的每一个人，看到谁的碗里空了，就顺手为其夹上一些菜肴，同时还会关切地询问："这个菜合不合口味？还需要再来点吗？"每当有人不慎将酒水洒落，他总是第一个递上纸巾，轻声安慰道："没事儿，小心点，擦擦就好了。"

等聚会结束，大家都夸小强这人不错，会做人也会做事。领导也点头称赞，说他不仅工作靠谱，连在酒桌上都这么有分寸。同事们更是表示，跟小强一起吃饭喝酒总是让人感到轻松自在，没有任何压力。

小强自己心里也清楚，吃饭喝酒也是人际交往的一部分，没必要搞得那么复杂。他就保持着一颗平常心，对人客气点，自己开心，别人也舒服。就这样，小强在酒桌上的好表现，不仅赢得了大家的喜欢，还让他在公司里的人缘更好了。

📖 干货笔记

入座安排与坐姿端正。在入座时，应从椅子的左侧入座（但这并不是绝对的，具体应根据实际情况和当地的习俗来判断）。如果是圆桌，应等待主人或长辈先入座，然后按照顺时针方向依次入座。有些地方和场合讲究主桌，一定要让长辈或重要人物入座主桌。要坐得端正，不要佝偻或趴在桌子上。双脚放在地上或椅子下方，不要搭在椅子上或者交叉放在桌下。如果觉得需要稍微调整一下坐姿，可以让上半身微微向前倾，用手臂作为辅助，而不是突然挪动椅子或者其他身体部位，这会让人感觉不够礼貌。

使用餐具与酒具。正确使用餐具、酒具是餐桌礼仪中的重要一环。应该用正确的顺序使用，并在聚会过程中保持餐具酒具的整洁。如果不确定如何使用某种，可以观察其他人是如何使用的，或者向服务员请教。在用餐过程中，如果需要暂时离开座位，应该将餐具放在盘子上，而不是直接放在桌子上或者挂在碗边。另外，不要用餐具指人或者敲打餐具发出声响。

取食与品尝。在取食时，应该使用公筷，以避免卫生问题和尴尬情况。不要用手直接抓取食物，更不要把吃剩的骨头或者食物残渣放在桌子上或者地上。在品尝食物时，应该细嚼慢咽，不要发出过大的声音或者说话。如果需要吐骨头或者鱼刺等，应该使用手遮住嘴巴，轻轻地吐出，而不是直接吐在桌子上或者地上。重要的是，别人夹菜的时候不要转桌子，不能只顾自己吃什么菜就频繁转桌子。

敬酒与交谈。在敬酒时，首先要确保自己的酒杯中有酒，然后站起身，用双手捧起酒杯，以表示尊重和诚意。当向他人敬酒时，应该注视对方的眼睛，微笑示意，并说出恰当的祝福语，如"身体健康"或"事业有成"。在接受他人敬酒时，也要站起身，与对方轻轻碰杯，表示感谢，并适当回敬。无论是取酒还是敬酒，尽量使用右手，以示尊重。适当地与身边的人交谈，保持微笑和友善的态度。

场景演练

场景一 公司晚宴

公司年度晚宴在豪华酒店的宴会厅内如期举行，彭辉始终保持着得体的着装，他发型整洁，西装笔挺，领带整齐，领口利落，每一个细节都照顾到位。

入座后,他坐姿端正,既没有跷二郎腿,也没有随意抖腿。交谈过程中,他始终保持着眼神交流,用温和的语气表达自己的观点,同时也认真倾听他人的意见,不时点头表示赞同或提出疑问。

当公司领导举杯向彭辉敬酒时,他立刻站起身,双手稳稳地捧住酒杯,以恭敬而谦逊的姿态回敬。他的动作流畅而自然,没有丝毫的慌张或做作。晚宴结束后,彭辉起身与每一位参与者道别,每一个动作都自然得体,仿佛都经过精心雕琢,展现出了他深厚的礼仪功底。

行为解读: 彭辉在晚宴上的表现,充分展现了他的个人修养和责任心。他的每一个动作、每一句话都透露出他的自信和从容,也赢得了他人的尊重和赞赏。

场景二 朋友聚餐

卓尔满心欢喜地赴约朋友聚会的邀请,一落座,他便主动拿起酒瓶,为在座的朋友们一一斟满美酒,卓尔巧妙地引导着话题,从近期的旅行趣闻到热门电影,再到大家共同的兴趣爱好,他总能找到让人津津乐道的话题,使得聚餐的气氛愈发活跃。

当朋友们畅所欲言时,卓尔则是个绝佳的倾听者。他全神贯注地聆听着每个人的故事,不时点头以表认同,同时也不吝分享自己的见解与经历。这种深入的交流让朋友们感受到了彼此的尊重与理解,友情也在此过程中愈发深厚。

聚餐中卓尔敏锐地察觉到一位朋友情绪的低落。他轻声走到那位朋友身边,用柔和的语气给予了安慰,并根据自己对该朋友的了解,提出了几条中肯的建议。这份细致入微的关怀不仅温暖了朋友的心,也让在场的其他人见证了卓尔的善良与体贴。

行为解读: 这次聚餐中卓尔以其得体的举止和细腻的心思,充分展现了个人的修养。他主动为朋友倒酒、引导轻松话题,体现了他的周到与热情；耐心倾听并分享个人经历，彰显了他的尊重与理解；而对情绪低落的朋友的关怀与建议，则显露了他的善良与体贴。

场景三 家庭聚会

在家庭聚会上，全仪金身为晚辈，早早地到达，这一举动彰显了他对家人的尊重和重视。餐桌上他细心地为长辈们夹菜，每次动作都伴随着轻声的问询："爷爷，您喜欢吃这个菜吗？"或者"奶奶，这个汤很滋补，我给您盛一些。"他不仅为每位长辈斟上了他们心仪的饮料，还时刻细心观察他们的需求，不时地为他们换盘添茶。

用餐期间，全仪金不仅关心长辈们的饮食，更对他们的身体状况上心。他询问长辈："最近身体如何？有没有哪里不适？"当听说某位长辈有些微恙，他便详细询问情况，并分享了一些实用的养生建议。这种深入细致的关心，让长辈们频频点头，对全仪金的修养和家教赞不绝口。

行为解读：全仪金在家庭聚会上礼仪得体，无论是餐桌上的细心服务，还是对长辈身体状况的关心，都展现出了他深厚的个人修养。他能够提前到场，显示出对家人的尊重；在游戏中鼓励和支持家人，更体现了他的亲和力和家庭责任感。

场景四 商务宴请

在一次商务宴请中，侯胜利代表公司出席，他提前抵达餐厅，确保环境整洁、餐具摆放得当。当合作伙伴抵达时，侯胜利热情地迎上前去，引导他们落座，展现出高度的职业素养和亲切态度。

席间每当合作伙伴提出问题，他都耐心细致地一一解答，同时不失时机地展示公司的核心技术和优势，既增进了交流，又巧妙地宣传了公司实力。用餐过程中，侯胜利更是细心周到，不时为合作伙伴斟酒，每次敬酒时都微微鞠躬。

用餐结束后，侯胜利与合作伙伴亲切握手道别，并再次表达了对未来合作的热切期望。他的整场表现，无论是在礼仪方面还是个人修养上，都给合作伙伴留下了极为深刻的印象。

行为解读：侯胜利在商务宴请中的表现堪称典范，他提前到场准备，显示出对合作伙伴和商务活动的重视；席间的言谈举止既专业又亲切，成功拉近了与合作伙伴的距离；通过细心周到的服务，他让合作伙伴感受到了尊重和热情。

第二节 细节为王，场合灵活应对

酒局饭局，门道颇深，细节之处见真章。从点菜到选址，每一步都需精心考量，兼顾众人之需，方能显出自己的品味与周到。而场合的灵活应对更是关键，无论是商务宴请还是朋友聚会，都需根据场合性质与参与者身份，调整自己的言行举止。

点菜时，咱得综合考虑大家的口味。有山东的朋友，咱可以点个葱烧海参，让他们尝尝家乡的味道；有河南的朋友，可以来个烩面，让他们感受下中原的风味；四川的朋友肯定爱吃辣，那就点个水煮鱼、毛血旺，让他们辣得过瘾；广东的朋友口味清淡，点个清蒸海鲜，让他们吃得舒服。这样点菜，既兼顾了众人口味，又显得咱们有品味又节制。

选址也有讲究。要是搞个生日派对，那就得选个热闹点的地方，像KTV或者酒吧，让大家都能放开玩，气氛才热烈。但要是商务宴请，那就得选个高档点的餐厅，环境要雅致，氛围要正式，比如选择一家有良好口碑的中餐厅，提供精致的粤菜或川菜，这样才能显示出咱们的专业和诚意。如果参与者中有来自不同地域的人，还可以选择一家提供多元菜系融合的餐厅，这样既能满足各种口味，又能体现咱们的细心周到。距离也是个问题，可以选择中间地段或繁华或有特色的地方，选对了地方，活动才能顺利进行，大家也能玩得开心。

细心周到，商务宴请获成功

孔庆伟精心组织了一次商务宴请，他的细心和周到给所有参与者都留下了深刻的印象。在选址上，孔庆伟经过多方考察和比较，最终选择了一家环境雅致、氛围正式的餐厅。这家餐厅不仅装修高档，而且服务周到，让每一位参与者都感受到了舒适和尊重。在餐厅的布局上，他也特意安排了宽敞舒适的座位，确保了大家有足够的私人空间进行交流，这样的环境为商务宴请的成功奠定了坚实的基础。

在点菜环节，孔庆伟更是展现了他的细心和周到。他提前了解了每位参与者的口味和饮食习惯，因此在点菜时能够兼顾众人的需求。菜单上既有清淡爽口的粤菜，也有麻辣鲜香的川菜，满足了不同地域人的口味需求。他还特别叮嘱餐厅厨师要注意菜品的搭配和烹饪方式，确保每一道菜都能呈现出最佳的味道和口感。这样的细致入微的关怀，让每一位参与者都感受到了被尊重和重视。

整个酒局下来，孔庆伟始终保持着热情和周到的态度。他不断关注着每位参与者的需求和感受，及时为他们添茶倒酒、更换餐具。

这次商务宴请取得了圆满的成功，不仅加深了参与者之间的了解和信任，也为孔庆伟带来了良好的声誉和更多的合作机会。他的细节把控能力成为了这次商务宴请的亮点，也让他在业界赢得了更多的尊重和认可。

精心雕琢，家庭聚会被夸赞

柳梅是一位细心的家庭主妇，周末她举办了一场家庭聚会，邀请亲朋好友共襄盛举，享受天伦之乐。她对待这次聚会的准备，就如同对待一件艺术品，每一个细节都经过精心雕琢。

从菜单的挑选开始，柳梅就费了心思。她不仅考虑了每个人的口味偏好，还特意准备了几道招牌菜，以确保聚会上的美食能让每一位宾客都满意。而在餐桌的布置上，她更是下足了功夫。从餐具的选择到桌花的摆放，每一个细节都透露着她的用心和品味。

聚会当天，柳梅早早地起床，忙碌在厨房和客厅之间，穿梭在各个角落，确保一切都井然有序，完美无瑕。

随着亲朋好友的到来，家中充满了欢声笑语。在这热闹的氛围中，柳梅却注意到了一个小细节——小侄子小明的不安。他坐在餐桌边，眉头紧锁，对面前丰盛的海鲜大餐毫无兴趣，甚至显得有些焦虑。柳梅立刻意识到，小明可能是对海鲜过敏。

她没有声张，也没有让小明感到尴尬，而是悄悄地走到厨房，开始为小明准备一份他喜欢的意大利面。她记得小明曾经提起过，他最喜欢的就是她亲手做的意大利面。她迅速将新鲜的番茄和香料熬制成酱汁，再将面条煮至恰到好处的软硬。不一会儿，一盘色香味俱佳的意大利面就完成了。

在场的家人对柳眉赞不绝口，而小明那满足的笑容，更是对她最好的回报。

粗心大意，年会演讲成败笔

蓝天公司的市场部经理余鹏因工作能力强、业绩突出而备受公司认可。年底公司举办了一场盛大的年会，余鹏作为市场部的代表受邀上台发表演讲。

为了能在年会上大放异彩,余鹏精心准备了演讲稿,但在演讲过程中,他过于专注于展示自己的工作成果,完全忽略了台下同事们的反应。当他谈及一个公司内部话题时,同事们的表情开始变得尴尬,窃窃私语声此起彼伏。但余鹏并未察觉到这些微妙的变化,他依然滔滔不绝,话语中充满了自信和骄傲。

余鹏的粗心大意并不仅仅体现在他忽略了同事们的反应上。在演讲前,他没有对演讲内容进行充分的审查和准备,没有考虑到其中可能涉及的公司内部敏感话题。在演讲过程中,他也没有根据现场的氛围和同事们的反应进行灵活的调整,而是固执地按照自己的计划进行。

结果余鹏的演讲并未获得掌声,反而引发了一些同事的不满和议论。面对同事们的议论声,余鹏才意识到自己的失误。他原本想要在年会上留下深刻印象,却因粗心大意和缺乏灵活应对的能力,反而适得其反。

这次年会的经历让他意识到在社交场合不仅要展示自己的能力和成果,更要关注他人的感受和需求,学会根据场合和氛围灵活应对。

干货笔记

注意观察非言语信号。酒局饭局中,人们之间互动远非只靠言语。一个微妙的眼神、一个不经意的动作,都能透露出许多信息。好比一部无声电影,演员们的每一个表情、每一个动作都在讲述着故事。在觥筹交错之间,你要学会捕捉这些"默片"中的细节。比如,当你发现某位朋友眉头不经意间紧锁,或者语气中透露出些许生硬,可能是他心中有所不满或者遇到了什么烦心事。如果大家脸上都洋溢着笑容,语气轻松,那就是氛围甚佳。

适时与他人互动。酒局饭局不是单纯的吃喝,而是真正的社交场合。在酒局饭局上,得学会适时地插话,就像聊天一样自然,给气氛添点活力。学会在倾听中寻找共鸣，给予他们积极的回应和反馈。你的一个点头、一个微笑，或者一句简单的"我理解你"，让别人感觉到你在认真听，尊重他们说的话。别忘了分享点自己的趣事，让交流有来有往，像老朋友聚会一样自在。就是多聊聊，多听听，让聚会更热闹，更有人情味！

适应不同场合的氛围。 不同的酒局饭局有着不同的氛围和要求。在正式的商务宴会上，你需要保持庄重和专业，而在朋友聚会或家庭聚餐中，则可以更加轻松和随意。因此，你要学会根据场合调整自己的言行举止，以适应不同的氛围。这不仅可以让你更好地融入集体，还能避免尴尬或冲突的情况发生。

灵活处理突发情况。 在酒局饭局中，有时会遇到一些突发情况，如他人提出敏感话题、发生争执或误解等。在这些情况下，你需要保持冷静和理智，灵活处理。可以尝试转移话题、化解矛盾或澄清误解，以确保氛围的和谐与愉快。同时，也要学会接受他人的不同观点和看法，以开放和包容的态度进行交流。

场景演练

场景一 公司宴会

新员工冉远远被要求在一次宴会上陪领导和客户喝酒。她心中泛起一阵反感，但她明白，直接拒绝可能会得罪人，影响自己的职业发展。

冉远远决定灵活应对，她迅速思考对策，可以说酒精过敏、刚吃了头孢、刚打完疫苗，开车等。思索过后，她微笑着端起酒杯："我今天的任务是当一名优秀的司机，确保大家聚会高兴，并且要开车安全地把领导、客户送回公司。不过我也有小心思，这么一个好的学习机会，作为新人，我很想知道大家对这个项目怎么看的？还有就是，我特别想找一个工作能力强、专业素养高的人，我要拜师！"她的话语既得体又机智，引导大家谈论起项目内容和公司人才，让在场的领导和客户都露出了赞许的笑容。

行为解读：冉远远在面对职场不正之风时，展现出了极高的智慧和应对能力。她既没有直接得罪人，又成功地脱身尴尬场景。她的行为拒绝了职场用来搞这些乌七八糟的陪酒文化，无疑为倡导健康、积极的职场文化树立了榜样。

场景二 同学婚宴

同学婚宴上，吴赟身着整洁礼服来庆祝老同学的幸福时刻。他看到这场婚礼的宾客中，有一位与新郎有过节的李兴华，吴赟担心李兴华可能会给这喜庆的日子蒙上一层阴影。

吃席间，吴赟的眼神不时在李兴华身上停留，细心观察着李兴华的一举一动。当发现李兴华的脸色愈发难看，眉头紧锁，似乎正强忍着内心的波动时，吴赟立刻意识到，必须采取行动了。

吴赟起身走到李兴华身旁，轻松愉快地说："有点吃撑了，我得去找找有没有消食的茶水。听说李先生对品茶颇有研究，我邀您一同，还想跟您学些品茶的技巧呢！"李兴华虽有片刻迟疑，但最终还是被吴赟以不容拒绝的热情带离了婚礼现场。

行为解读：在同学婚宴上，吴赟展现出了细腻的观察力和处理人际关系的沟通力。不仅体现了他对朋友的忠诚与保护，也确保了婚礼的顺利举行。

场景三 商务洽谈

施莼雯作为商务洽谈的饭局组织者，从精心挑选的纸巾、丰富多样的菜品，到迎合宾客喜好的口味搭配、严格把控的卫生标准，甚至是包厢的温度调节和布置细节，她都考虑得无微不至。甚至对方代表喜爱的小提琴曲子，也在洽谈期间适时响起。

更为贴心的是,她还特意准备了化妆区和吸烟区,让每一位宾客都感受到了被尊重和关怀。饭局结束时,她还准备了精美的伴手礼,让宾客感到宾至如归。

这些细节体现了施莼雯的用心与专业,不仅营造了一个舒适愉悦的洽谈环境,也让对方公司代表对她十分敬佩。

行为解读:施莼雯在商务洽谈中展现出了出色的组织能力和细腻的服务意识。她注重每一个细节,用心营造了一个舒适、专业的洽谈环境。这种细致入微的服务态度,不仅提升了公司的形象,也为商务洽谈的成功打下了坚实的基础。

场景四 家庭聚会

家庭聚会中,气氛原本温馨而融洽,然而叔叔的一番话却像一块石头投入了平静的湖面。他端起酒杯,对小辈们语重心长地说:"要想在领导面前受器重,就得学会喝酒,我们当年都是这样过来的。"此言一出,小辈们面面相觑,不满的情绪在空气中悄然蔓延。

祖然虽然年轻,却有着自己的见解。他微笑着打圆场:"叔叔,时代变了,现在晋升可不是靠喝酒。我们年轻人更注重能力和实力,大家都不爱喝酒了,白酒销量年年走低。"

看叔叔愣住了,祖然继续说道:"喝酒对身体不好,叔叔您也知道喝酒的人易得三高、心肝脾胃都不好,健康最重要啊。喝茶一样可以聊开心,千秋大业一壶茶嘛!"

一番话,有理有据,既坚持了自己的观点,又充分考虑了叔叔的感受。叔叔听了,若有所思地点点头,夸赞现在的年轻人,确实有自己的一套,比他们有想法多了。

行为解读:在家庭聚会上,祖然面对叔叔的传统观念,没有直接反驳,而是巧妙地运用事实与现代观念进行说服,既表达了对叔叔的尊重,也坚持了自己的立场。他强调能力与健康的重要性，言辞得体，成功化解了尴尬。

第三节 话题把握，交谈顺心如意

酒逢知己千杯少，话不投机半句多。话题的把握，犹如烹饪之道，需精准掌握火候，恰当调味，方能烹制出一桌佳肴。酒局饭局上，话题导向得当，能令人拍案叫绝，气氛热烈；反之则可能陷入尴尬，冷场无言。我们要学会这门话题掌控的手艺，让酒桌上的交谈充满趣味，愈聊愈有味，如品老酒，醇厚绵长。要让交谈如同与老友相聚，轻松自然，越聊越觉亲近，越谈越觉美好。

得练就一双火眼金睛。你看那桌边的老李，手里把玩着一串紫檀佛珠，那可不就是话题的种子？"老李，这佛珠可真有讲究，来给咱们讲讲？"一句话，老李就打开了话匣子，从紫檀说到人生，从佛珠谈到哲学，这话题不就活了？得学会做个好听众。那边小张正眉飞色舞地讲着他的旅行见闻，你得给他足够的舞台，时不时地搭个腔，"哇，那地方我也去过，真是太美了！"这不仅是对小张的肯定，也是把话题往更宽的地方引。得学会顺水推舟。你看那话题聊到足球，可有人却对足球一窍不通，这时候，你就得机智地换个角度，"足球嘛，其实和生活一样，都得有团队精神。"这么一来，不仅化解了尴尬，还把话题引向了更深层次的讨论。

别忘了，幽默是咱们的杀手锏。你看那气氛有点沉重，来个小笑话，

"听说了吗？最近有个足球队，他们的口号是'我们不进球，但我们也不丢球'。"一句话，让全场哄堂大笑，气氛瞬间轻松起来。最后，得学会画龙点睛。

那酒过三巡，菜过五味，话题也聊得差不多了，这时候，你得来个小总结，"今天咱们聊得真开心，从老李的佛珠到小张的旅行，再到咱们的足球哲学，这顿饭吃得太值了！"这么一来，不仅给聚会画上圆满的句号，也让每个人心里都暖洋洋的。

话题失控，致尴尬局面

王晓颖是一位在业界颇有声望的项目经理，在一次关键的商务晚宴上，他的表现却不尽如人意。他深知这次晚宴对于公司未来业务发展的重要性，却因为没能把握好话题走向，陷入了尴尬的局面。

晚宴在一家高级酒店举行，邀请了行业内的重要客户。由于把结果看得太重，目的性太强，王晓颖便一心想在晚宴上展示自己的专业能力，为公司赢得更多的合作机会。他准备了详尽的项目计划和合作条款，希望能在晚宴上一举拿下合同。晚宴的气氛并不像他预期的那样。当王晓颖开始详细介绍项目的细节时，他注意到客户们的表情开始变得淡漠。他们似乎对这些复杂的条款并不感兴趣，更希望在轻松的氛围中了解公司的文化和价值观。

王晓颖没有及时捕捉到这一信号，仍然沉浸在自己的演讲中。他的话题越来越专业，越来越复杂，客户们开始分心，有的甚至开始私下交流，完全忽略了王晓颖的存在。王晓颖的同事们也试图用眼神提醒他，但他太过专注于自己的演讲，没有察觉。

晚宴结束时，客户们对王晓颖的印象并不好。他们认为他缺乏对商务礼仪的理解，不懂得如何在轻松的场合中与人建立良好的关系。这次晚宴没有达到预期的效果，王晓颖也由此错失了与这些客户建立联系的机会。

王晓颖的失误让他在公司内部也受到了批评。他的上司指出，虽然专业能力很重要，但在商务晚宴这样的场合，更重要的是能够把握话题走向，与客户建立情感上的联系。这次尴尬的经历，虽然让王晓颖一度陷入困境，但也促使他成长和进步。他意识到，在商务交流中，把握话题走向，让交谈顺心如意，是一项至关重要的能力。而作为项目经理，更加需要学习如何根据不同的场合和对象，灵活地调整自己的交流方式，让交谈更加顺心如意。

周密准备，获合作机会

赵子伟身为一名销售经理，经常身处各种商务宴请之中。这一天，他收到了一份特别的邀请——、一个关键客户的晚宴，目标是为了争取一个颇具规模的合作项目。赵子伟非常清楚，这场晚宴对他的职业生涯可能产生重大影响，因此他早早地开始了周密的准备。

晚宴的灯光柔和，人声鼎沸，气氛逐渐升温。客户方的王经理是个极为健谈的人物，他率先提起了最近市场的风云变幻。赵子伟敏锐地捕捉到了这个机会，他不动身色地接过话茬："王经理真是洞察秋毫，市场的确在经历深刻的变革，我坚信这也为我们孕育了无限的商机。举例来说，我们公司近期在市场调研上下了不少功夫，已经捕捉到了一些崭新的行业动向。"

赵子伟的这番话像一块磁铁，立刻吸引了王经理的注意。王经理好奇地追问其中的细节，而赵子伟则游刃有余地——解答，同时不失时机地将话题从市场分析自然地过渡到了合作项目的具体实施方案上。他的话语中透露出深厚的专业素养和对项目的全面把握，这让王经理不禁刮目相看。

晚宴在愉快的氛围中接近尾声，王经理对赵子伟的表现赞不绝口，并流露出进一步探讨合作事宜的浓厚兴趣。对赵子伟而言，这场晚宴无疑是一次巨大的成功。他不仅在言谈间游刃有余，更成功地为自己和公司打开了一扇新的商业大门。

通过这次经历，赵子伟深刻地体会到了在酒局饭局上把握话题走向的重要性。正是凭借着对话题的敏锐洞察和精准把控，他才能够让交谈如此顺心如意，进而赢得客户的信任和青睐。

引导话题，避尴尬不适

苏菲是一个在巴黎生活的热情开朗的法国女孩，她经常组织朋友们的聚会，让大家在忙碌的生活中找到放松和欢聚的时刻。今天，她邀请了一群好友来家里举行一个小型聚会，然而她没想到的是，她的一个朋友玛丽前几天刚和尼古拉斯分手，而两人都在她的邀请名单中。

聚会开始时，气氛非常热烈，大家分享着近期的趣事和新鲜事。苏菲注意到玛丽和尼古拉斯之间的气氛有些微妙，她担心如果不小心提及他们的过去，可能会让聚会变得尴尬。就在这时，一个朋友无意间提起了之前大家一起度过的某个美好时光，那时玛丽和尼古拉斯还是一对恩爱的情侣。苏菲立刻感觉到了气氛的紧张，她迅速接过话题，微笑着说："哎呀，说起那些美好的时光，让我想起了我们大家曾经一起参加的那次户外野餐，那天的阳光真是太美了，还记得我们一起玩的那些游戏吗？"

苏菲的话成功地将大家的注意力从玛丽和尼古拉斯的过去转移到了那次愉快的野餐经历上。朋友们开始回忆起那天的趣事，气氛逐渐放松下来，玛丽和尼古拉斯也加入了讨论，仿佛忘记了之前的尴尬。随着聚会的进行，苏菲始终巧妙地引导着话题，避免触及任何可能让玛丽和尼古拉斯感到不适的内容。她不仅让聚会保持了愉快和轻松的氛围，还让每个人都感到舒心自在。

聚会结束时，大家都对苏菲表示了感谢，称赞她是一个出色的聚会组织者。玛丽更是私下里对苏菲说："谢谢你，今晚真的很开心，你真的很懂得如何照顾每个人的感受。"苏菲笑着回答："我只是想让大家都能够享受这个美好的夜晚,避免任何不必要的尴尬。"苏菲的机智和敏锐让每个人都能够顺心如意地交谈,避免了可能的尴尬,让聚会成为了一个愉快的回忆。

📔 干货笔记

找个好话题,轻松开场。酒局饭局刚开始,找个合适的话题聊聊真的很重要。想想大家最近都在关注啥,是不是有啥热门新闻、搞笑段子或者就是聊聊最近的天气咋样。这样的话题,轻松又愉快,一下子就能拉近大家的距离。千万别去碰那些敏感或者容易吵起来的话题,免得一开始就弄得大家尴尬或者不开心。

话题转一转,聊天不尴尬。聊天的时候,得多留心大家的情绪和兴趣。要是发现大家对当前的话题没啥兴趣了,或者开始有分歧,那就得赶紧换个话题。你可以问问大家最近有没有啥好看的电影、电视剧,或者分享一下你最近遇到的有意思的事情。比如说:"哎,你们知道吗,我最近看了一部超级好看的科幻片!"这样一来,大家的注意力就被你成功转移了,新的话题也能让大家重新提起兴趣。

酒局饭局后的资源整合与利用。关键在于有效捕捉并跟进在场合中建立的联系和获取的信息。及时整理饭局中收集到的名片、联系方式和交谈要点,建立或更新人脉数据库。根据交谈内容,对潜在合作伙伴或资源进行分类,明确后续合作方向。利用邮件、社交媒体或电话等方式,适时跟进,保持沟通热度,深化关系。最后,定期回顾与评估这些资源,调整合作策略,确保资源得到最大化利用。这些资源整合需细心且持续,方能转化为实际价值。

心态好点,氛围自然就好了。你的心态对聊天氛围的影响可大了。你要是能保持积极、乐观的心态,那聊天氛围自然就会轻松愉快。就算聊到一些严肃的话题,你也可以试着从幽默或者正面的角度去看待,让气氛不至于那么紧张。比如,你可以用一些搞笑的语气来表达自己的观点,或者适时地开个玩笑让大家乐乐。这样一来,聊天氛围自然就活跃了，大家也更愿意参与到聊天中来。

🎬 场景演练

场景一 同学聚会

多年未见的老同学今日欢聚一堂，荀阳刚走进餐厅，心头便涌起一股熟悉又陌生的感觉，大家围坐在餐桌旁，几个同学已经开始回忆起当年的校园趣事，他们的言语间流露出对青涩学生时代的怀念。

荀阳敏锐地捕捉到了掌握话题走向的机会。他顺势接过话题，深情地说道："我还记得那次激烈的篮球赛，我们班团结一心，虽然最终未能夺冠，但那种共同努力的感觉真让人难以忘怀。"一番话不仅唤起了大家对共同青春岁月的回忆，还巧妙地将话题从单纯的回忆引向了更深层次的情感交流。随着聊天的深入，他逐渐引导同学们从校园生活聊到了各自的工作和家庭，交谈越发顺心如意，餐厅里不时爆发出阵阵欢快的笑声。

行为解读：在同学聚会的饭局上，荀阳敏锐地捕捉到引导话题的机会，通过回忆共同的校园经历，成功地将大家的注意力聚焦在了一起。他的话语不仅唤起了同学们的共鸣，还巧妙地深化了情感交流。

场景二 商务宴请

商务宴请中，陶沐然细心观察到，合作伙伴对芯片行业的话题表现出浓厚的兴趣，于是她主动开启了话题："近期，芯片行业真可谓风起云涌，变化难以预测。但我深信这正是一个充满机遇与挑战的时刻。"

陶沐然微笑着继续道："我很好奇，贵公司在这个领域有何新的战略规划或布局？我对此非常感兴趣，并期待我们能发掘更多合作的可能性。"这一问句不仅凸显了陶沐然的专业素养和对行业的深刻理解，更巧妙地鼓励对方分享更多内幕信息。

随着对话的逐步深入，陶沐然适时地表达了自己的见解和建议，不仅促进了彼此之间的了解，更为双方未来的携手合作开辟了新的道路。

行为解读：在商务宴请中，陶沐然准确地捕捉到合作伙伴的兴趣点，并据此展开话题，使得对话既专业又富有深度。通过提出针对性问题，她不仅展示了自己的行业洞察力，还成功引导了对话方向，让交谈更加顺心如意。

场景三 家庭聚会

今天是家族聚会的重要日子，亲朋好友们齐聚一堂，饭桌上大家沉重地谈论着各自带工作生活上的烦恼。詹飞龙敏锐地察觉到了这是一个引导话题的绝佳机会。

他说："最近我正在看一部探讨家庭教育的电视剧，里面的情节让我深有感触。如今，教育孩子真的成为了一个不小的挑战。我想知道，大家在教育孩子方面有没有什么宝贵的经验或者独到的建议呢？"

詹飞龙的话立刻引起了大家的共鸣，成功地将话题引向了家庭教育方法这个备受关注的议题，并且将负面的氛围转为积极。家人们纷纷分享各自在教育孩子过程中的经验和心得，詹飞龙时不时地给予恰当的点评和总结，使得整个交谈过程更加深入且富有意义。

行为解读：在家族聚会的饭局上，詹飞龙通过提出一个大家都关心的话题，成功地引导了交谈的方向，并激发了家人们的分享欲望。在交谈过程中，詹飞龙不仅善于倾听，还能够适时地给予反馈和总结，使得整个交谈更加顺畅和深入。

场景四 朋友婚宴

在朋友的婚宴上，看着幸福的新人，左柏感受到了满满的喜悦和祝福。当大家举杯庆祝这一难忘时刻,左柏灵机一动,想要为这喜庆的场合增添更多欢乐与互动。

他微笑着开启了话题:"看着他们携手步入婚姻的殿堂,令人感慨万千。爱情这份神秘又美好的情感,让人如痴如醉。"左柏环顾四周,眼中闪烁着好奇与期待,"不知道在座的各位有没有什么动人的爱情故事或者深刻的心得体会愿意与大家分享呢?我非常期待聆听你们的故事。"

此言一出,立刻引起了在场宾客的共鸣。大家纷纷敞开心扉,讲述着自己的爱情故事或对爱情的独到见解,婚宴的气氛被推向了高潮。

行为解读:在婚宴这样的喜庆场合,左柏巧妙提及爱情这一普遍而又深刻的主题,成功激发了宾客们的共鸣。他不仅让聊天内容更加丰富多彩,还借此机会加深了与亲朋好友之间的情感联系。

第四节 饮酒有度,不失态不伤人

有人说,酒是那穿肠的烈焰,也是那暖心的甘泉。古人说一醉解千愁,又说举杯消愁愁更愁。酒的特点就是让人薄弱于自身的控制,醒时越是被迫控制自己,醉后越是任性而为。每年喝酒过量喝坏身体、喝散感情甚至付出生命代价的事件并不罕见,饮酒有度,不失态不伤人是参加酒局饭局的必备修养。

你看那老赵,一上桌就豪气干云,一杯接一杯,仿佛那酒不是酒,是那解渴的山泉水。可渐渐地，老赵的舌头开始打结，眼睛开始打转，那豪言壮语变成了胡言乱语，这便是酒过了度，失了态。咱们得学那老酒馆的掌柜，先掂量掂量自己的酒量。就像那量衣服，得知道自己的尺寸，别到头来，衣服穿不上，酒也喝不下。再瞧那小刘，酒桌上的他，总是能说会道，把气氛搞得热热闹闹。可他那眼力劲儿，也是一等一的。一看到谁喝得差不多了，立马转移话题，或者提议换个游戏，让气氛轻松下来，这便是懂得察言观色，适时收手。

孔子云："唯酒无量，不及乱。"这句话的意思是说，饮酒没有固定的量，关键在于不要喝醉，不要失去理智。孔子在这里强调的是饮酒要有节制，即使酒量很大，也应适量而止，避免因饮酒过量而造成混乱或失态。

饮酒有度，恰似那老酒馆里的掌柜，懂得什么时候该添酒，什么时候该收杯，咱们还得学那老酒馆的规矩。旧时即便是那些靠酒营生的老酒馆，每到夜深人静，掌柜的就会敲敲桌子，提醒客官们，酒足饭饱，该是时候散场了。不管客人喝得多么尽兴，总有一杯热茶在手，为的就是让客人醒醒酒、暖暖胃，这酒后的关怀，让人心暖，也让人记住了这份情谊。

醉酒闹剧惹圣怒

在宋太祖赵匡胤的初期，翰林学士王著是个才华横溢的文人，却有一个让人头疼的"爱好"——爱喝酒。他这喝酒的毛病可不是小酌怡情，而是一喝就醉，醉后更是无法无天，经常闹出不少乱子。说起王著的"酒史"，那可是声名远扬，几乎每次酒局饭局之后，他都要上演一出"酒后闹剧"。朋友们都知道他的这一"特色"，所以每次邀他赴宴都是又爱又怕——爱他的才华，怕他的酒疯。

据传王著曾受邀参加一个酒局，席间他如往常一样，几杯酒下肚后，便开始有些飘飘然。朋友们见状，纷纷劝他少喝些，但王著哪里听得进去，依旧是来者不拒，酒到杯干。酒局结束后，王著已经是醉眼朦胧，脚步踉跄。朋友们本想送他回家，却没想到他突然发起了酒疯，挣脱了众人的搀扶，跌跌撞撞地朝着皇宫的方向跑去。

夜深人静，皇宫大门紧闭。但醉酒的王著哪里管得了这些，他来到赵匡胤的寝宫殿外，双手使劲拍打着大门，那响声震天动地，惊醒了宫中的守卫。守卫们急忙前来查看，只见王著一身酒气，口中还喃喃自语，不知所云。他们连忙将此事禀报了赵匡胤。

赵匡胤闻讯大怒，他本就对王著的醉酒行为有所耳闻，这次竟然闹到了自己的寝宫门外，实在是无法无天。于是，他下令将王著贬为员外郎，以示惩戒。王著的这场醉酒闹剧，不仅让自己丢了官职，更成了朝中的一大笑柄。此外，宋朝的官场酒文化导致了政治腐败，君臣之间因酒失礼，大臣之间因酒失和，从而危及政权之巩固，影响政权的稳定。这也给后人敲响了警钟：酒局饭局之上，饮酒一定要有度，不失态、不伤人，否则只会自取其辱，甚至付出更惨重的代价。

酒后失控，侯某因袭警获刑

2022年5月的一个晚上，北京顺义的一条胡同里，原本安静的夜晚被一声声急促的警笛声打破。顺义公安分局的民警崔某等人接到报警，迅速赶到了现场。他们没想到，这个看似普通的出警任务，竟会演变成一场惊心动魄的对抗。

当晚，侯某因生活家庭中的种种琐事心情郁闷，独自一人喝了不少酒。酒精的刺激下，他的情绪愈发失控，手持一把菜刀就冲出了家门。在胡同里，他遇到了正在出警的民警崔某等人。

看到民警，侯某并没有冷静下来，反而更加激动。他挥舞着菜刀，追逐着民警崔某。崔某在躲避过程中不慎摔倒，幸好其他民警及时上前制止了侯某的疯狂行为。侯某被当场抓获，而他手中的菜刀也被依法扣押。

酒醒后的侯某，对自己的行为感到深深的懊悔。他坦言，自己是因为生活家庭等琐事心情烦闷，酒后失德才会做出如此荒唐的行为。后悔并不能改变已经发生的事实。顺义区检察院对侯某提起了公诉，指控他涉嫌袭警罪。法院经过审理，认为侯某的行为已经构成了袭警罪，依法判处他有期徒刑七个月。

酒精的刺激可能会让人失去理智，做出伤害他人或自己的行为。侯某的例子就是一个深刻的教训，他因为酒后失控而付出了沉重的代价。我们应该引以为戒，无论何时何地，都要保持清醒的头脑和理智的行为，不失态、不伤人。

饮酒有度，山涛做人有道

山涛是魏晋时期一位非凡的人物。在那个时代，酒是风雅之物，也是考验人品的试金石。山涛的一生，就像他饮酒一样，有度、有节、有自律。

他爱酒，但绝不嗜酒。人人都知道，山涛饮酒有个规矩——一次只饮八斗，绝不多饮。这不是他酒量仅限于此，而是他自律的表现。晋武帝司马炎曾好奇地测试他的酒量，特意准备了八斗酒，又偷偷加了一些。哪知山涛饮完八斗后，便停杯不饮，多余的一滴不沾。这份自制力，让武帝也不禁赞叹。

欲败度，纵败礼。一个人放纵了欲望，必然会破坏法度。控制住欲望的人，方能控制人生。山涛的自制力不仅体现在饮酒上，更贯穿了他的一生。他出身寒门，却从不向命运低头。在那个看重门第的时代，他凭借自己的才学和努力，一步步打破了阶层的桎梏。他研读老庄，与阮籍、嵇康等名士交往，终于在四十岁那年实现了自己的仕途梦想。

显贵后的山涛继续保持着君子的正派，不追求奢华，反而将所得的俸禄和赏赐都分给了亲戚和故人。他出任河内郡主簿时，面对县令袁毅的贿赂，他虽不愿表现得不合群而收下丝绸，但却从未动用过，直到袁毅事发，他当即将原封不动的丝绸交出，证明了自己的清白。

📓 干货笔记

了解自己的酒量并设定上限。 首先，有的人天性不饮，有的人千杯不醉，每个人对酒精的耐受度不同，了解自己的极限，是控制饮酒的第一步。小酒怡情，大酒伤身。在酒局开始前，给自己设定一个明确的饮酒上限。这样，在觥筹交错之间，你就能心中有数，避免过量饮酒。同时，也要记得在达到上限后及时停杯，不要因为气氛热烈而失去控制。

细品慢饮，多交流。 在酒局上，不要急于一口干杯，而是要慢慢品尝酒的美味。与此同时，多与他人交流，分享彼此的故事和经历。这样不仅能减缓饮酒的速度，还能更好地享受社交的乐趣。尽量选择低度酒，如啤酒或葡萄酒，避免高度白酒。酒局不仅仅是为了喝酒，更是为了增进友谊和交流感情。

饮食结合，保护身体。 空腹饮酒对身体的伤害很大，因此在酒局上一定要先吃些食物。肉类、米饭或面食等可以在胃中形成保护层，减缓酒精的吸收速度。同时，多吃水果和蔬菜，它们富含的维生素和抗氧化剂有助于减轻酒精对身体的损害。这样既能保护身体，又能让你在酒局上更加从容不迫。在饮酒间隙，多喝水或无酒精饮料，帮助稀释体内的酒精浓度。

学会婉拒和自我保护。 在酒局上，遇到热情的敬酒是常有的事。但如果你已经达到自己的饮酒上限或者感觉不适，一定要学会婉转地拒绝。你可以表达感谢并说明自己的情况，请求对方的理解。同时，也要学会自我保护，避免因过量饮酒而引发的各种问题和风险。如果可能，选择坐在不太显眼的位置，减少被敬酒的机会。保持轻松的心态，不要因为担心失态而过度紧张，这样反而容易醉。

🎬 场景演练

场景一 项目庆功

公司团队项目圆满收官，冷超与团队成员们打算好好庆祝一番。酒吧内灯光闪烁，大家举杯畅饮，每个人都沉浸在项目成功的喜悦之中。

冷超端起酒杯，慷慨激昂地说："这次项目的成功，归功于我们团队的齐心协力与持续拼搏。每一位成员都是我们的英雄！来，让我们共同举杯，为胜利干杯，为团队协作干杯！"言罢，他轻抿一口红酒，优雅地放下酒杯，尽显绅士风度。

随着聚会深入，气氛愈发欢快。冷超细心观察到，有些同事已微醺。特别是小王，面红耳赤，眼神迷蒙。冷超心生关切，上前轻拍小王肩膀，温馨提醒他身体最重要，别因为一时的痛快影响了健康。小王听后，眼中流露感激，不再贪杯。

行为解读： 在庆祝活动上，冷超不仅展现了团队的领导力，更体现了对同事的细心关怀。他适度饮酒，保持风度，同时在注意到同事饮酒过量时，及时给予温馨的提醒和劝告。这样的做法既确保了聚会的愉快氛围，又保护了同事的身体健康。

场景二 家庭聚会

今天是宣丹父亲的生日，一家人都团聚在一起，要为父亲举办一个温馨的生日宴会。餐桌上琳琅满目，摆满了各种诱人的美食，还有精心准备的巨大生日蛋糕。

父亲满面笑容地站起身，邀请大家举杯庆祝。宣丹迅速端起酒杯，轻抿一口酒，然后向父亲行了一个庄重的礼。庆祝活动热烈而温馨，家人们轮流向父亲敬酒，送上真挚的祝福。然而，宣丹注意到弟弟小明似乎过于兴奋，连续喝了几杯酒后，脸上已经泛起了红晕。

宣丹立刻走过去,轻声提醒:"小明,今天是爸爸的生日,我们都很高兴,但是喝酒要适量。待会儿还有美味的蛋糕等着我们呢。"小明听了姐姐的话,有些不好意思地笑了,他放下酒杯并感激姐姐的善意提醒。

行为解读:在父亲的生日宴会上,宣丹饮酒有度不失态,同时在注意到弟弟饮酒过量时,及时给予温馨的提醒。这样的做法既确保了宴会的愉快氛围,又保护了弟弟的身体健康。

场景三 同学重逢

多年未见的老同学来陆乐所在的城市出差,两人决定共进晚餐,重温往日情谊。他们选了一家富有当地特色的餐厅,环境别致,美食诱人。刚见面,他们就打开了话匣子,回忆学生时代的欢笑,感怀流逝的青春。

老同学兴起,提议干杯庆祝重逢。陆乐微笑着举杯相应,轻抿酒液,细细品味。随着谈话深入,老同学情绪激动,频频举杯。陆乐注意到他面色发红,眼神朦胧。

陆乐心想,这样下去不妥。于是他温和地说:"重逢之喜确实值得庆祝,但过量饮酒伤身。我们不妨节制一些,多谈谈心,岂不是更有意义?"老同学听后随即笑道:"我确实太激动了,感谢提醒,我们慢慢品酒,畅聊今昔吧。"

行为解读:陆乐在与老同学重逢的喜悦中,依然保持了理智。他注意到老同学饮酒过量,便适时提醒,体现了饮酒有度和关心朋友的态度。这种做法既避免了酒局中的失态,又保护了朋友的健康,展现了真正的友情与责任。

场景四 商务宴请

在一家豪华餐厅的晚宴上,唐奥作为大型企业的代表,正与一家国际公司进行商务洽谈。对方代表频频举杯向唐奥敬酒,意图通过酒桌上的气氛来加强双方的关系。唐奥每次只是轻抿一口酒,便礼貌地放下酒杯,转而专注于商务合作的深入交流。

当对方试图用言语激将唐奥多喝时,他微笑回应:"非常感谢您的热情,但我认为商务合作的核心是诚信与专业。我们的合作应建立在这些更稳固的基础上。"这番话不仅让对方感到意外,也赢得了他们的钦佩。

晚宴结束时,唐奥已成功与对方达成初步合作意向。在整个过程中,他始终保持清醒,举止得体,既展现了专业素养,又维护了个人与公司的形象。

行为解读:唐奥在商务晚宴上展现了高度的职业素养和自控能力。他饮酒有度,保持了清醒的头脑和得体的举止,既不失礼节又避免了过量饮酒可能带来的尴尬。他的做法不仅维护了个人形象,更为企业赢得了尊重。

第五节 交流感情,拓展社交圈子

在中国社交文化里,酒局饭局,是交流感情、扩展社交圈子的绝佳场合。真正的社交,不仅仅是认识更多的人,更是在人海中找到那些能够与你共鸣的灵魂。人们在轻松愉悦的氛围下，更容易卸下防备，真情流露，杯盏交错间，不仅能够加深旧知，更能结识新友，更深入地理解他人，需要好好把握住机会、建立信任。

别小看了一杯酒、一顿饭，它可是打开话匣子的钥匙。饭桌上的每一句话，都可能成为日后合作的契机，每一次举杯，都可能成为友谊的开始。一杯下肚，话就来了，从工作谈到生活，从梦想聊到现实，让人不知不觉就拉近了距离。不是只有滔滔不绝才能赢得人心，有时候，静静听别人讲述，给予恰当而真诚的回应，更能让人感到尊重。

饭局酒局，重点不在"饭"和"酒"，而是"局"。笨的人吃的是饭，聪明人吃的是机会。酒局饭局上，既要有热情，也要有理智。大家来自五湖四海，兴趣各异，但总能找到共同的话题。心思活络的人，总能在聊天中发现大家的共同兴趣，无论是篮球、电影还是旅行，都能聊得风生水起，让气氛活跃起来。最后，得把握分寸。酒局饭局上，不是每个人都喜欢热闹，也不是每个人都能喝酒。不能因为酒喝爽了、饭吃嗨了，而乱了分寸。聪明人总是能在热闹中保持一份清醒，知道什么时候该推杯换盏，什么时候该适可而止。

中国人的饭局，吃的是饭，组得是局，其中牵扯的人情世故，藏着扩展人脉、生意往来的捷径。每一次聚会，都可能成为我们人生旅途中的重要一站，每一次举杯，都可能开启我们新的篇章。这个充满机遇的社会里，要把握住酒局饭局中绝佳的机会，用心感受每一次交流，用情珍惜每一段关系。

硅谷巨头的"啤酒外交"

在美国硅谷这个科技创新的摇篮里，商业交流的形式多种多样，而饭局和酒会无疑是科技巨头们偏爱的方式之一。谷歌的两位创始人拉里·佩奇和谢尔盖·布林深谙此道，他们常常借助这样的社交场合来拓宽视野，结交志同道合的伙伴。

那是一个风和日丽的午后，佩奇出席了一场科技论坛。在众多热情洋溢的面孔中，他意外地发现了特斯拉的创始人埃隆·马斯克。虽然两人在科技圈内都享有盛名，但此前并未有深入的交流。拉里·佩奇心中一动，觉得这是个难得的机会，于是他主动上前与马斯克攀谈，并热情地邀请他参加一个即将举行的私人啤酒聚会。

聚会当晚，星光璀璨，微风习习。佩奇与马斯克坐在庭院中，手捧冰镇啤酒，开始了深入的交谈。他们的话题从最新的科技趋势，到创新理念的碰撞，再到对未来世界的畅想，无所不包。随着夜色渐深，两人的话题也愈发投机，他们发现彼此不仅在科技领域有着共同的追求，更在人生哲学上有着惊人的契合。

那晚的聚会，仿佛成了两人友谊的起点。他们不仅分享了彼此的见解和经验，更在心灵深处找到了一种难得的共鸣。聚会结束后，拉里·佩奇和埃隆·马斯克已经不再是简单的同行，而是成了惺惺相惜的朋友。

这次"啤酒外交"不仅加深了两位科技领袖的个人情谊，更为两家公司之间的合作铺平了道路。不久后，谷歌与特斯拉宣布在自动驾驶技术等领域展开深度合作，共同探索未来的可能性。这场看似平常的啤酒聚会，实则成为了科技界一段佳话，也为两家科技巨头的未来发展注入了新的活力。

昔日同窗的职场角逐

王子浩和凌轩是大学同窗，毕业后又恰巧进入了同一家公司。初入职场，两人都是青涩的新人，起点相差无几。但不久后，王子浩便凭借圆滑的社交手腕，迅速在公司内部崭露头角，而凌轩则始终在原地踏步。

王子浩深知职场如战场，尤其是在中国这样的人情社会，酒局饭局上的表现往往能决定一个人的职场命运。于是，他积极参与各类应酬，不仅在酒桌上表现得游刃有余，更懂得如何察言观色，适时地颂扬打趣，让领导同事们都觉得他是个会来事儿的人。在推杯换盏之间，他不仅与同事们打成了一片，还暗中搜集了不少公司的内部消息和业务动态。

相比之下，凌轩对这些酒局饭局则显得兴趣索然。他总觉得，只要工作能力强，自然能得到认可。在职场中，能力固然重要，但人际关系同样关键。凌轩的孤僻和不合群，让他在同事和领导眼中逐渐成了一个边缘人。

一次，公司有一个重要的晋升机会，需要在两个候选人中选出一个。王子浩凭借平时在酒局饭局上积累的人脉和口碑，轻松获得了这个职位。而凌轩，尽管工作表现出色，却因为缺乏足够的支持和认可，最终与这个机会失之交臂。

看着王子浩春风得意的样子，凌轩心中充满了不甘和困惑。他开始意识到，自己在职场上的失败，非归咎于工作能力不足，却是因为缺乏王子浩那种圆滑的社交技巧。两者升迁之路的差异，生动地展现了在职场中如何利用酒局饭局来扩展社交圈子、提升个人影响力的重要性。王子浩凭借精湛的社交手腕和敏锐的洞察力，成功攀升至职场高峰；而凌轩则因忽视这一点，导致自己始终在原地踏步。

小职员靠饭局快速晋升

仲田是一个普通的小职员，平凡却怀揣着不凡的梦想。他深知在这个错综复杂的社会里，想要出人头地，单靠努力工作是不够的。他开始在各种饭局酒局中寻觅机会。每当夜幕降临，华灯初上，仲田总是身着整洁的西装，带着自信的微笑，出现在各式各样的社交场合。他并不急于表现自己，而是静静地观察，细心地倾听，寻找着那些能够助他一臂之力的"贵人"。

有一次，仲田参加了一个行业内的聚会。酒过三巡，菜过五味，他注意到了一位坐在角落里的中年男士。那位男士虽然低调，但从他的言谈举止中，仲田嗅到了一丝不同寻常的气息。仲田主动走上前去，与那位男士攀谈起来。他们聊起了行业动态，谈起了市场趋势，甚至还分享了一些个人的小故事。几杯酒下肚，两人的话题越来越投机，仿佛多年的老友。

原来，那位男士是一家知名公司的高层领导，正在寻找有潜力的合作伙伴。而仲田的见识和谈吐，让他眼前一亮。他觉得仲田是个可造之材，便主动提出了合作的意向。就这样，仲田凭借在饭局上的表现，成功结识了这位"贵人"。在对方的引荐和帮助下，他得到了更多的资源和机会，事业开始蒸蒸日上。不久后，他便从一个默默无闻的小职员，一跃成为了公司里的中层管理者。

每当回想起那个改变命运的饭局，仲田都会感慨万分。他深知，是那次勇敢的尝试和得体的表现，让他遇到了生命中的"贵人"，从而走上了快速晋升的道路。如今的仲田，依然活跃在各种社交场合。在饭局酒局上，不仅要吃好喝好，更要懂得交流感情、结识贵人。因为，这可能就是改变命运的契机。

干货笔记

态度真诚，热情微笑。 真诚是建立任何关系的基础。在饭局酒局上，用真诚的态度去倾听他人，关心他人，可以迅速拉近彼此的距离。不要急于推销自己，而是多问开放式问题，了解对方的兴趣爱好、工作生活等，展现出你对他们真诚的兴趣。保持微笑，微笑是最好的社交语言，可以让人感到亲切和放松。注意身体语言，保持良好的姿态，避免封闭性的身体语言，如交叉双臂等。

自我介绍，主动分享。 在合适的时机，简洁而有重点地介绍自己，可以给人留下深刻印象。介绍时，可以提及自己的工作、兴趣爱好或者一些有趣的经历，但要避免过度自吹自擂。同时，注意观察他人的反应，如果他们对你的介绍感兴趣，可以进一步展开话题。你可以主动分享一些自己的经历和看法。这不仅能让对方更加了解你，还能引发更深入的交谈。当然，分享的内容最好是积极正面的，避免涉及过于敏感或负面的话题。通过分享，你可以展示自己的个性和价值观，从而吸引到志同道合的朋友。

寻找共同点，拉近距离。人们总是喜欢与和自己有相似之处的人交往。在交流中，寻找和对方的共同点是拉近关系的有效方式。这可以是共同的兴趣爱好、相似的工作经历，甚至是对某件事情的共同看法。如我们是老乡，是校友，曾经在一家公司任职，喜欢同一件事物。找到共同点后，可以围绕这些话题展开更深入的交流，增加彼此的默契和认同感。

尊重礼貌，适时赞美。在任何社交场合，尊重和礼貌都是必不可少的。尊重他人的意见，即使有不同看法，也要礼貌地表达。同时，注意礼仪，如不大声喧哗、不强迫他人饮酒等，这些细节都能体现出你的修养和对他人的尊重。当你发现对方在某方面做得很好或者有着独特的见解时，不妨大方地给予赞美，赞美要真诚且具体，不要过于泛泛而谈或是显得虚伪。

场景演练

场景一 商务宴请

在商务宴请上，黄威终于有机会与仰慕已久的业界大佬张总同桌。起初他略感紧张，但随着宴席的推进，他逐渐放松下来，并策划着如何接近张总。

酒过三巡后，黄威鼓起勇气，端杯走向张总，以诚恳的微笑和赞美之词开场："张总，久仰大名，今日得见，真是荣幸。我敬您一杯，期待未来能有机会得到您的指点。"张总也礼貌地回敬，气氛瞬间融洽。

席间黄威巧妙地引导话题,与张总深入探讨行业动向。他提出的问题和对行业的见解都显得非常专业,这让张总对他产生了浓厚的兴趣。随着对话的深入,他们发现了不少共同话题,关系也随之升温,还达成了共同探讨合作项目的意向。

行为解读:黄威在商务宴请中克服紧张,主动出击,以专业和诚恳的态度赢得了张总的尊重。通过巧妙的话题引导和深入的交流,他成功与张总建立了联系,并拓展了自己的社交圈子,为未来合作打下了坚实基础。

场景二 朋友聚会

在热闹的朋友聚会上,焦景辉注意到一位新朋友独自坐在角落,显得有些孤单。他心生同情,决定主动与其交流。焦景辉走过去,以友好的语气打招呼:"嗨,看你一个人坐着,是不是觉得无聊?我也是第一次来这个聚会,我们一起聊聊怎么样?"那位朋友点点头,脸上露出了感激的微笑。

随后,他们开始畅谈各自的兴趣与生活经历,惊喜地发现彼此间有许多共同点。随着话题的深入,两人的关系也逐渐拉近。聚会结束时,他们已如老朋友般熟稔,并互相留下了联系方式,约定下次一同去做些喜欢的事情。

行为解读:焦景辉在聚会中主动接近孤单的新朋友,以友善和开放的态度发起对话,成功打破了彼此间的陌生感。通过深入的交流,他不仅结识了新朋友,还有效地拓展了自己的社交圈子,为未来的发展奠定了坚实的基础。

场景三 街边小摊

夏夜街边的烧烤摊烟雾缭绕，郗有才正和几个朋友享受着美食。旁边桌的谈笑声引起了他的注意，那是几位年轻人在热议即将到来的行业展会。郗有才心中一动，他拿起手边的啤酒，微笑着走向那桌，"哥们儿，听你们聊得这么起劲，是不是也是建筑行业的呀？"一人抬头友善回应："是啊，我们都是建筑行业的，你也是吗？"

"哎呀，太巧了！我也是这个行业的，一直想找同行多交流。"郗有才自然地拉过椅子坐下，与他们分享起行业趣闻与自身经验。几杯酒后，气氛愈发热烈，大家都放下了初见的拘谨，畅所欲言。最后，他们互相加了微信，约定在下次展会上再聚。

行为解读： 郗有才在烧烤摊上展现了敏锐的社交直觉，他主动出击，以行业为话题拉近与陌生人的距离。通过友好的态度和真诚的交流，他不仅拓展了人脉，更收获了志同道合的朋友，为未来的职业发展铺设了更广阔的道路。

场景四 乡村婚宴

在乡村的一场婚宴上，童楚锋发现身旁坐着一位面带憨厚笑容的陌生中年大叔。他身穿朴实的衣服，给人一种亲切感。童楚锋主动举杯向大叔致意："大叔，看您满面笑容，难道是新娘或新郎的亲戚？"大叔乐呵呵地回应："我是新郎的远房叔叔，今天真是大喜啊！"

随后，两人开始畅谈乡村生活的点点滴滴。大叔分享了自己的种地经历和村里的趣事，引得童楚锋不时发出会心的笑声。同时，大叔也对城市生活充满好奇，童楚锋便热情地为他描绘了城市的快节奏和一些有趣的见闻。

酒过几巡，两人的关系已如老朋友般亲密，双方愉快地交换了联系方式。

行为解读： 童楚锋在婚宴上主动与陌生大叔交流，通过提问和分享，成功拉近了彼此的距离。他的亲切和热情不仅让大叔感受到尊重和友谊，也成功拓展了自己的社交圈子。在酒局饭局中主动交流、分享和倾听的做法，是拓展人际关系、增进相互了解的有效途径。